全国小学生校园美文精品集萃丛书

七色阳光小少年

记忆中的风铃

《语文报》编写组 编

时代文艺出版社

图书在版编目（CIP）数据

记忆中的风铃/《语文报》编写组编. —长春：时代文艺出版社，2018.8（2023.6重印）
（"七色阳光小少年"全国小学生校园美文精品集萃丛书）

ISBN 978-7-5387-5879-5

Ⅰ.①记… Ⅱ.①语… Ⅲ.①作文－小学－选集 Ⅳ.①H194.4

中国版本图书馆CIP数据核字（2018）第117918号

出 品 人　陈　琛
产品总监　郭力家
责任编辑　刘　兮
装帧设计　孙　利
排版制作　隋淑凤

本书著作权、版式和装帧设计受国际版权公约和中华人民共和国著作权法保护
本书所有文字、图片和示意图等专有使用权为时代文艺出版社所有
未事先获得时代文艺出版社许可
本书的任何部分不得以图表、电子、影印、缩拍、录音和其他任何手段
进行复制和转载，违者必究

记忆中的风铃

《语文报》编写组 编

出版发行/时代文艺出版社
地址/长春市福祉大路5788号　龙腾国际大厦A座15层　邮编/130118
总编办/0431-81629751　发行部/0431-81629758
官方微博/weibo.com/tlapress
印刷/北京一鑫印务有限责任公司
开本/700mm×980mm　1/16　字数/153千字　印张/11
版次/2018年8月第1版　印次/2023年6月第5次印刷　定价/34.80元

图书如有印装错误　请寄回印厂调换

编委会

主　　编：刘应伦

编　　委：刘应伦　赵　静　李音霞
　　　　　郭　斐　刘瑞霞　王素红
　　　　　金星闪　周　起　华晓隽
　　　　　何发祥　朱晓东　陈　颖
　　　　　段岩霞　刘学强

本册主编：杨　珊　车小连

目 录

风铃

风铃 ……… 宋　佳 / 002

记忆中的美好 ……… 童　婧 / 003

看见它我就想起了你 ……… 孙凝慧 / 004

三个杧果 ……… 金晓晓 / 005

迷人的春天 ……… 申悦彤 / 006

春姑娘的步伐 ……… 刘佳琪 / 007

我喜欢春天 ……… 佳　铭 / 008

美丽的春天 ……… 刘义轩 / 009

神奇的夏 ……… 刘嘉天 / 010

雪糕的味道 ……… 乔奕铖 / 011

夏天趣事 ……… 康嘉轩 / 013

冰淇淋大战 ……… 孙起杭 / 014

美丽的秋天 ……… 郭子瑜 / 015

我爱秋天 ……… 崔家铭 / 016

探索秋色 ……… 崔延睿 / 017

迷人的秋天 ……… 刘佳琪 / 018

迷人的冬天 .... 王碧莹 / 019

冬爷爷的礼物 .... 郝丽敏 / 020

窗上的冰花 .... 赵余杰 / 021

冰花 .... 李文珍 / 022

种子

种子 .... 刘佳琪 / 024

一只离群的蜜蜂 .... 张　金 / 025

吉娜的故事 .... 雷淑涵 / 026

鸟儿的抗议 .... 刘佳琪 / 027

最爱家乡的秀丽山水 .... 熊雨萌 / 028

故乡的小路 .... 李悦含 / 029

家乡的皮影戏 .... 马鹏程 / 030

家乡的美景 .... 王璧莹 / 031

家乡的香干 .... 周俊芳 / 032

家乡的美食 .... 赵　越 / 033

柿饼 .... 杜欣亮 / 034

橘子树 .... 刑　灵 / 035

人要善于推理和观察 .... 贾郦尧 / 037

读《保姆狗的阴谋》有感 .... 同子碧 / 038

读《窃读记》 .... 郭子瑜 / 039

关心他人 .... 冀乐天 / 040

打开心窗 .... 范　翌 / 041

告别昨天，抓住今天 .... 毛晨宇 / 042

希望

平凡 .... 王　铮 / 046

珍贵 .... 郭凌秀 / 047

希望 .... 冯韶华 / 048

自由的云 .... 李 静 / 049

刺猬上当了 .... 李 慧 / 050

感冒传染记 .... 徐方伟 / 051

小马的下场 .... 方景丽 / 052

蚂蚁拔牙 .... 栗晓齐 / 053

选国王 .... 张 炜 / 054

灰灰复仇记 .... 苏小勇 / 055

猪老板的秘诀 .... 韩东伟 / 057

书中自有黄金屋 .... 宋慧文 / 058

我的"老爷笔" .... 苏勒瑞 / 059

我的钢笔 .... 岳 齐 / 060

珍贵的礼物 .... 牛 晨 / 061

老古董 .... 董 良 / 062

补碗的故事 .... 孙起杭 / 063

洗书 .... 张泽玮 / 064

擦皮鞋 .... 田 振 / 065

绝望的狮子

爱哭的妹妹 .... 杨元璐 / 068

小石头 .... 冀立庭 / 069

小叶子 .... 冯逸然 / 070

可爱的妹妹 .... 马菁谣 / 071

我家的宝贝 .... 刘 涛 / 072

花花 .... 梁 健 / 073

小灯泡 .... 王 嘉 / 074

我的大白 .... 程建强 / 075

一只狗的自白 .... 赵　严 / 076

小白 .... 梁子龙 / 077

可爱的小鸟 .... 董俊江 / 078

鲸的自述 .... 阎依彤 / 079

绝望的狮子 .... 陆丽华 / 080

回归自然 .... 郭　悦 / 081

被捡走的吉利话 .... 钟碧君 / 083

教养 .... 薛晶晶 / 084

学上网 .... 马博涛 / 086

狐假虎威后传 .... 吴　凯 / 087

美丽的小海龟 .... 郭文清 / 088

悄悄的雨

迷人的星空 .... 郭晓东 / 092

悄悄的雨 .... 安　静 / 093

迷人的夜 .... 钱　容 / 094

日夜赞歌 .... 刘清平 / 095

晨雾 .... 吴怀楠 / 096

休闲之夏 .... 张天睿 / 097

夏天的声音 .... 纪俊成 / 098

早晨的世界 .... 林　怡 / 099

多姿的云 .... 杨　皓 / 100

夏天的云 .... 李　文 / 101

踏浪 .... 江　涛 / 102

位置 .... 杜晓健 / 103

我不再自卑了 .... 谢思雨 / 104

美是什么 ……… 李 丹 / 105

成长的烦恼 ……… 刘安朔 / 106

骄傲的红领巾 ……… 王宇豪 / 107

无声的夜 ……… 张家伟 / 108

无法忘记的美丽 ……… 林书琴 / 109

花开的瞬间

花开的瞬间 ……… 陈嘉源 / 112

品茶观雨 ……… 张子璇 / 113

绘画令我着迷 ……… 杨 清 / 115

野菊花 ……… 刘 玲 / 116

在诗词中成长 ……… 赵靖瑶 / 117

梦游魔法学校 ……… 宿小剑 / 119

幸福的我 ……… 王 枫 / 120

童年的乐园 ……… 潘文雅 / 121

保护地球 ……… 沈 博 / 122

我爱睡莲 ……… 张晓湘 / 123

月季花赞 ……… 梁瑞玲 / 124

我爱向日葵 ……… 王博威 / 125

昙花一现 ……… 张 楚 / 126

我家的小花园 ……… 张永良 / 128

根的启示 ……… 严嘉威 / 129

小草 ……… 王 英 / 130

妈妈，你是我的榜样 ……… 牛千千 / 131

只要人人都献出一点爱 ……… 马明宇 / 132

我爱小草 ……… 高永杰 / 134

我在花海中

童年的记忆 .... 宋　洁 / 136
小花 .... 米　娟 / 138
难忘的小花园 .... 王嘉琪 / 140
倒霉的星期天 .... 白沛桦 / 141
星空下的女孩儿 .... 王　鑫 / 142
母校，你让我怀念 .... 冀　昱 / 143
鸟语林 .... 蒋　芸 / 145
养雀 .... 梁英俊 / 146
我喜欢上了云 .... 纪俊成 / 148
秋天的雨 .... 韩亦晨 / 149
米果果小镇 .... 王楚杰 / 150
学校的绿化带 .... 纪俊成 / 151
神龙川游记 .... 陈基丰 / 152
爬长城 .... 纪俊成 / 154
长城之行 .... 张　霞 / 155
老师，我错了 .... 张晓东 / 156
有趣的科学 .... 郑钧杰 / 158
盲人体验记 .... 刘宇宙 / 159
来自陌生人的温暖 .... 徐博文 / 160
雨中的温暖 .... 张晓梦 / 161
友谊的小木船 .... 高瑞阳 / 162
最难忘的一次活动 .... 李天阳 / 163
我在花海中 .... 王　莹 / 165

风铃

　　一阵风吹过,风铃便和着风唱了起来,仿佛是天使在歌唱,给我以心灵的安慰;宛若心灵深处的呼唤,在嘈杂的街道仍能让人清楚地听见它的歌声。

风　铃

宋　佳

我喜欢风铃。尤其喜欢它那清脆悦耳的声音。

还记得小时候，和爸爸妈妈一起上街时，路边小店前排着的串串精致风铃吸引了我，我一手拿着未吃完的棉花糖，一手指着那串串风铃询问爸爸妈妈那是什么。"那是风铃。"风铃，从此这精致小巧的风铃便在我心中留下了不可磨灭的印象。以至于我出去逛街时只要听到那熟悉的声音总会驻足聆听，目光不由自主地被它吸引。

说起来，连我自己都弄不清楚为什么会对风铃着迷，或许是因为它那悦耳动听的声音吧。一阵风吹过，风铃便和着风唱了起来，仿佛是天使在歌唱，给我以心灵的安慰；宛若心灵深处的呼唤，在嘈杂的街道仍能让人清楚地听见它的歌声。

它因风而生，随风而响，为风而歌。那声音由远及近，缥缈迷人，好像能摄人心魄。

它还有一分傲气。风轻柔，它也轻柔，风呼啸而来，它便使出浑身的劲儿与之抗争，发出异常清脆的声响。都说桀骜不驯与随波逐流是两个不同的极端，可风铃却两者兼具，且毫不矛盾。

自从我第一次见到风铃，我便始终坚信它意味着永不分离。因为它总是和风形影不离，风起铃响，相依相伴。这美好的意境使我深深

地喜欢上了它。

随着岁月的变迁，年纪的增长，我的喜好也在慢慢改变，可始终不变的是我对风铃的喜爱，也许这就是我与风铃难以分解的情结吧！

记忆中的美好

童　婧

小时候，常常会去外婆家。那是一个远离城市喧嚣，给我带来心灵慰藉的优美小村。

小村依山傍水，绿树四合，每到傍晚时分，昏黄的灯光从窗户里斜照出来，袅袅炊烟在暮色中摇曳，那景就像是丹青妙手的画家精心绘出来一般，有不可言喻的美妙。小村的前面，阡陌交通，把一望无际的田野分割成无数的小块。每到春来，田陌上便开满了各色小花，把村庄装扮得更加美丽。

每次回外婆家，我总是按捺不住内心的激动。因为又可以和我的小伙伴一起疯玩了！我们在田野里奔跑，沿途摘下路边一朵朵小花，互相讨论谁的更好看；我们在油菜地里穿梭，让高高的花径将我们淹没；我们光着脚在土地上走着，感受踏着土地传来柔软的感觉，嗅着野花传来淡淡的、沁人心脾的芬芳。

每天早晨天还未亮，外婆就会起床。我喜欢跟着她来到地里，看她锄地的样子。"外婆，你停下来，我也想试试！""哇，外婆，你好厉害哦！""外婆外婆，快看，有好多蝴蝶！"……我总是一边玩，一边和她聊着天，也会常常提出一些令她哭笑不得的问题。清新的空气中，弥漫着暖暖的幸福。中午，外婆烧饭，一会儿工夫，诱人的菜香便弥漫了整个小院。傍晚，外婆会赶鸡啊鸭啊什么的回家。"咯咯咯……"外婆呼唤它们回家；"咯咯咯……"我坐在院子里的小板凳上看着她笑。月光洒在我们的头发上，落在我们的肩头上，好温暖啊。

时间如白驹过隙，流水般地溜走了，我能回去的时间越来越少。只能从回忆中感受那段生活，那些美好。

看见它我就想起了你

孙凝慧

打开衣柜，翻出一些长久未穿的衣服，让这些衣服接受阳光的沐浴，并呼吸新鲜空气。无意间，一件小棉袄映入我的眼帘，我童年的记忆便被勾了起来。

那棉袄很小，我四五岁时穿过的。这棉袄虽然小，却很厚，那一针一线都缝得那么仔细、认真。我不由得想起了它的制作者——我那已逝的老奶奶。

从小到大，她对我特别好。小时候父母工作，她就和奶奶照顾我，她与我一起走过了我的懵懂，度过了我的童年。老奶奶的手很巧，我从小到大穿的棉袄几乎全都是她做的。她做的衣服总是那么合身，总是那么舒适。这件棉袄是小碎花的，它那么漂亮，那么精致。

它不是一件普通的棉袄，它体现了我奶奶对我那浓浓的爱。因为这件衣服小了，所以它被放在衣柜最不显眼的地方，以至于我每次晒衣服都没有看到它。如今我看到了，可它的制作者却永远地离我而去了。老天爷真是会捉弄人，当我想好好孝敬老奶奶时，她走了，这给我留下一生的遗憾。

不知老奶奶在天国过得可好？老奶奶虽然不在了，可她对我的爱是永远的，我也永远爱她，我永远都不会忘记我的老奶奶。

三个杧果

金晓晓

亲情是朱自清的背影，亲情是孟郊慈母手中的针线，亲情是苏轼"但愿人长久，千里共婵娟"的祝愿，亲情是……

自从我们来到这个世界，我们便时时刻刻沐浴着亲情。回味一下家庭生活，你便会在亲人一个不经意的眼神、一个随意的动作、一件日常的琐事中，深深地感受到那悠悠的亲情。

那次，妈妈买回来三个杧果放在冰箱里，一家人都喜欢吃。我打开冰箱，在灯光下，看着三个杧果，金灿灿的，一个个安静地睡着，透着诱人的香味，勾出了我的口水。妈妈递一个给我说："快吃吧！你最喜欢吃杧果了。"我点了点头，接过杧果。妈妈又递给外婆一个，自己留了一个。

外婆拿起杧果，却不吃，而是把杧果轻轻放回了妈妈手中，对妈妈说："你这两天嗓子不舒服，正需要多吃点儿水果。我不喜欢吃杌果的，吃不惯。"其实，我知道，外婆并不是不喜欢吃杌果，只是她舍不得吃掉，她想留给她的女儿吃。

我拿着杌果回到房间写作业。忽然，我想起外婆刚刚说的话。于是，我拿起杌果，走出去递给妈妈。对她说："妈妈，我不想吃杌果。给你吃吧。"妈妈笑着说："不要说谎了，你最爱吃杌果，你看，妈妈这不是还有吗？咱们每人一个。"

晚上做完作业后，我又看见那个诱人的杌果，听到妈妈断断续续的咳嗽声，我连忙拿起杌果，想把它放到冰箱，留给妈妈吃。我打开冰箱，竟发现杌果都在冰箱里静静地躺着，一个也没少……原来，妈妈也想把杌果留给她的女儿——我。

其实，倒杯茶、盖被子等细微动作都是出自亲情的温泉，亲情是理解与支持、信任与体贴，难怪有人说：我们挟着寒气而来，又携着温暖而去。我们担着失落而来，又捧着希望而去。

迷人的春天

申悦彤

有人喜欢赤日炎炎的夏天，有人喜欢满载丰收的秋天，也有人喜欢银装素裹的冬天，可是，我却不同，我喜欢生机勃勃的春天。

"呼呼呼……呼呼……"呦，是谁温柔地吹了一口气？

咦，原来是春风姐姐。她披着长长的头发，穿着飘逸的绿色裙子，朝着生机勃勃的春天走来，走来……她带着一串花苞，牵着万缕阳光，把冬天的寒气吹走了。她帮农民伯伯把种子吹落到地里，埋在湿软的泥土中，也埋下了一年的希望。

"哗哗哗……哗哗哗……"呦，这是谁呀？

呀，原来是春雨宝宝。他迈着轻快的步伐，朝着生机勃勃的春天跑来，跑来……滴答，落在小草上，小草醒了；滴答，落在鲜花上，花儿红了；滴答，落在柳树上，柳树抽出了嫩芽；滴答，落到了大地上，万物生长起来了……

"轰隆隆……轰隆隆……"呦，是谁大叫了一声？

嘿，是春雷叔叔。他的声音，从蔚蓝的天空中传来，传来……"快醒醒！"蜗牛探出了头；"快醒醒！"小刺猬绽开了笑容；"快醒醒！"睡足了的青蛙舒展了身体；"快醒醒！"冰冻的小溪欢快地唱起了歌；"快醒醒！"动物们苏醒了。哇！世间又热闹起来了。

春姑娘的步伐

刘佳琪

可爱的春姑娘迈着轻盈的步伐来到人间，那一片片生机勃勃的景象便也随着她来到四面八方，整个世界都从冬天中苏醒过来了。

看！树的枝头冒出了小叶，像一个绿色的胖娃娃，睁开他那大大的眼睛好奇地看着这个世界；柳树的枝条向下垂着，就像一条条丝线挂在树上，那嫩黄的小叶片就像在树上挂着的小花瓣。正如一首诗说的那样:"碧玉妆成一树高,万条垂下绿丝绦。"

　　我欣喜地发现,去年不小心被我烧得黑乎乎的那片草丛,又重新焕发生机,冒出了丝丝绿色。旁边的花儿多种多样,竞相开放,火红的杜鹃、雪白雪白的梨花、金灿灿的野菊花……它们像赶集似的聚拢而来,形成了一幅多姿多彩的画卷。这,也许是春天的脚步吧。花丛中,蜜蜂们、蝴蝶们也开始忙活了,采蜜的采蜜,跳舞的跳舞。这,也是春天的脚步吧?

　　天上的鸟儿们也待不住了,在空中盘旋着,唱着,跳着……看哪!燕子轻盈地朝我们飞来了,我不禁想起了小时候的歌谣:"小燕子,穿花衣,年年春天来这里……"

　　大街上,人们都脱掉了厚重的冬装,换上了轻便的春装,有些爱美的姑娘竟穿上了短裙。广场上也充满了欢声笑语,小朋友们在兴高采烈地放风筝呢!

　　春天的雨是多情的,她不失时机地赶来了,绵绵的,细如丝,又薄如烟。"轰隆隆……"天空中的一声春雷,仿佛在给春雨伴奏呢。

　　春天是迷人的,她让我深深地沉醉在其中。

我喜欢春天

佳 铭

　　夏天有烈日、有池塘,秋天有甜美的蔬菜和瓜果,冬天有冰凉的雪花,但是我却最喜欢平凡的春天。

春天那平凡的景色映入我的眼帘，印在我的心中。小草从地下探出了它那可爱的小脑袋，小花仿佛可以编一个漂亮的花环，花环让老奶奶戴着，老奶奶就会返老还童，变成一个十六岁的小姑娘。春姑娘从溪边走过，溪流的小冰块融化了，春姑娘成了小溪的"恩人"、小河的"恩人"、小江的"恩人"。春姑娘伴着风筝起舞，在小鸟的歌声中缓缓走来……

春天的"歌声"也传入我的耳中，映在我的脑子里：小鸟的叫声、小虫子的攀爬声、小溪的流水声、春雨的浇灌声组成了一个大乐团，咕咕、叮咚、沙沙沙……春姑娘是个指挥家，人们在台下听着他们的声音，都陶醉了。

春天是五彩缤纷的鲜花，像织不完的锦缎那么绵延，像天边的霞光那么耀眼，像高空的彩虹那么绚烂。

我喜欢春天，喜欢春天这个无限繁华的季节！

美丽的春天

刘义轩

"一年之计在于春，一日之计在于晨。"春天是一年的"主打曲"。

春天是万物复苏、春暖花开、莺歌燕舞的时节。

春天仿佛是生命之神，它唤来温暖的太阳，太阳把山上那层厚厚的积雪融化成雪水，灌溉着干燥的土地，让土地变得肥沃起来，让农民伯伯充满希望，有一个好收成。大地上的花草树木重获新生，花儿展开了粉红的花瓣，露出了娇嫩的花蕊；草儿坚强地刺穿了雪层，在艳阳天里贪婪地吮吸着露水；树木长出新枝，片片叶子上的划痕，记录着它一整个冬天所经历的沧桑；小河上的冰融化了，"叮咚叮咚"地欢唱着，鱼儿在水中欢快地游来游去；小鸟成群结队地站在树枝上，叽叽喳喳歌唱着春天的美好……

春天是四季的开始，也是四季的关键。春天是一个与众不同的季节，春天的雨像诗一样宁静。

如果没有春天的播种，就不会有秋天的收获。如果没有春天的希望，就不会有美好的未来。我爱这美丽的春天！

神奇的夏

刘嘉天

夏是一个神奇的季节，是一幅神奇的图画。

看，她像一位会变戏法的魔术师，开始还是风和日丽的，现在却忽然下起了大雨，太阳孤零零地站在旁边，而雨不停地下，真是"东边日出西边雨，道是无晴却有晴"啊！

看，她又像一个变化多端的捣蛋鬼，前一秒晴空万里，后一秒却倾盆大雨。

看，她更像一位热情的朋友，无论你是谁，她都对你是无比的"热"情。

夏，真是一个神奇的季节！

初夏时，林中的花儿含苞待放，像一个随时要爆炸开来的炸弹；还有那平淡无奇的云，一到夏天就调皮起来，刚才还一个人玩耍，转眼间就抱成一团，调皮得叫人诧异。

到了正夏的时候，"神奇"这一特点，也到了最盛，刚刚还含羞紧闭的花苞，一眨眼就变成一位热力四射的花姑娘。那林中本该是寂静无声的，可夏天随随便便就让丛林中演奏起一首热情洋溢的曲子：不仅有蝉的高音，鸟儿的中音，还有与微风做伴的树叶的低音。池中的生物们也不甘寂寞，荷花绽放出她妖冶的身姿，鱼儿为那荷花伴舞，一会儿在水中穿梭，一会儿在水上跳跃。一切都是那么的灵动！

夏末时，它的热情收了一半，花儿本来还是绽放的，林子本来是热闹的，池中本来是美丽动人的，可是这一切都由着它的性子，慢慢变得冷静起来，让人不禁叹息起来。

夏，真是一个神奇的季节！

雪糕的味道

乔奕铖

烈日炎炎，经不住我的软磨硬泡，一个周末的早上，爸妈终于答应带我去买雪糕。

来到超市，我迫不及待地走到冰柜前，开始挑选雪糕。我拉开雪糕箱，开始挑选雪糕，呀，这个草莓味的是我的最爱，巧克力味的我也要尝尝鲜，还有水蜜桃味的……我左手拿两个，右手拿两个，嘴里还咬着两个，生怕雪糕下一秒就消失了似的，一个劲儿地往购物车里扔。妈妈看到我的样子，一下子笑出了声，提醒我："你准备买多少雪糕呀？买完雪糕你要自己提着回家，别买太多了，提不动我可不帮你。"结完账，我提起沉甸甸的袋子，走在回家的路上。好重呀，塑料袋把我的小手勒得生疼，毒辣的太阳热得我气喘吁吁，看着袋子里琳琅满目、各种口味的雪糕，我的口水都要流下来了。

　　终于到家了，我迫不及待地拿出一支雪糕，津津有味地吃了起来。雪糕凉凉的、甜甜的，真是人间第一美味！我把剩下的雪糕交给爸爸，让他帮忙放到冰箱里。爸爸一边放雪糕，一边叮嘱我说："咱们约定好，每人一天只能吃一个雪糕，谁也不能多吃。"我不情愿地点了点头。

　　睡完午觉起来，爸爸妈妈还在睡着。我又想起了冰箱里的雪糕，馋虫又被勾了出来，一直在我心里喊着："我想吃雪糕！我想吃雪糕！"但是爸爸跟我约定好了，怎么办呢？我在客厅里纠结地走来走去，最后终于忍不住，悄悄从冰箱里拿出雪糕，全神贯注地吃了起来，把约定丢到了脑后。吃完雪糕后，我立刻销毁了证据，把包装袋悄悄丢到了门外垃圾桶。过了一会儿，爸爸打着哈欠从卧室出来，他瞟了我一眼，两眼一下子精神了。他说："你肯定偷吃雪糕了！""没有呀。"我不承认。爸爸看着我假装无辜的脸，哈哈笑了起来："馋嘴猫，还不承认，你的大花脸已经出卖你了！"我赶忙跑到镜子前，只见我的嘴边、脸上都是黏糊糊的雪糕的痕迹，妈呀，偷吃完雪糕忘记洗脸了！

　　我不好意思地笑着给爸爸道歉，谁知爸爸一点儿都不买账："罚你明天不许吃雪糕！"

　　这真是个有趣而快乐的夏天啊！

夏天趣事

康嘉轩

有趣的夏天又来了,你也来看看我和夏天发生的趣事吧!

夏天的傍晚,家里依旧是那么热,空气中一丝凉气都没有。我和爸爸再也忍不住了,决定去河边散步乘凉。小河边好热闹,纳凉的人们三三两两地坐着,一边嘻嘻哈哈地聊着天,一边摇着扇子。河里的青蛙也不甘寂寞,跑出来凑热闹,它们"呱呱"地叫着,此起彼伏,好像在表演一场盛大的演唱会。我问爸爸:"为什么青蛙叫得那么起劲?"爸爸解释说:"夏天到了,青蛙要繁殖后代,它们叫是为了吸引同伴。"

夏天的周末最开心,爸爸喜欢钓鱼,每到周末,他都会带着我和妈妈一起去钓鱼。来到池塘边,爸爸熟练地拿出钓竿,装好鱼线、鱼钩,再挂上准备好的鱼饵,悠闲地坐在那里,两眼眯成了一条缝,专心致志地盯着。过了一会儿,只见鱼漂忽然动了几下,可是再看爸爸,却一动不动,我悄悄地问爸爸:"怎么不拉呢?"爸爸朝我努努嘴,示意我别说话。那鱼漂动了几下,又安静了。我心想,爸爸不听我的,鱼儿一定已经吃完跑掉了。谁知,鱼漂又动了,这次的动静比刚才大多了,只见爸爸用力一拉,一条肥肥的大鱼活蹦乱跳地被钓了起来。爸爸这才告诉我:"一开始鱼漂动,那是鱼儿在试探,不能动；鱼儿发觉没什么危险，才会下嘴吃，这时就需要抓住时机，一下子把它钓上来……"原来钓鱼还有这么大的学问啊。

夏天真有趣啊！我希望一年四季都是夏天。

冰淇淋大战

孙起杭

夏天到了，我终于又可以吃上美味的冰淇淋了。

我带着钱，来到了超市，挑了一个巧克力味的冰淇淋。我来到花园，把包装撕开，拿在手上舔了一口，啊！真是太凉爽了。正当我享受着凉爽的冰淇淋时，我的好朋友蛋蛋来找我玩耍，他手里也拿着一个冰淇淋，他的眼神落在我脸上，忽然捂住肚子，哈哈大笑起来。我问："我怎么了？"他说："冰淇淋在你的脸上，你是一只'大花猫'。"我摸了摸脸上的冰淇淋，自己也忍不住笑了起来。我悄悄来到他的背后，往他脸上一抹，顿时，他也变成了一个"大花猫"。他看我这样，也毫不手软，拿起手中的冰淇淋就往我脸上抹了一下，我们两个"大花猫"互相追赶着。

回到家里以后，妈妈看了看我说："脸怎么啦，脏成这样？"我说："我在花园和蛋蛋玩冰淇淋大战，可好玩了。"妈妈拿来毛巾，擦干净我脸上的冰淇淋，笑着开始了她的唠叨："好了，下次别再拿冰淇淋当武器了，看看这衣服、脸上都弄得脏兮兮的……"妈妈的唠叨我一点儿都没听，因为我心里想着下午的冰淇淋大战，忍不住又笑

了起来。

啊！我喜欢夏天，因为夏天可以吃冰淇淋。

美丽的秋天

郭子瑜

秋姑娘乘着清风，带着凉爽翩翩而来。她用她宽大的衣袖，挡住严寒，捧起沉甸甸的果实献给人们。

田野里，农民伯伯脸上笑开了花；辣椒涨红了脸，像是喝了酒似的；高粱弯着腰，一个个像驼了背的老爷爷；豆角鼓着腮帮，像一门随时爆发的大炮；西红柿挂在高高的枝头，像一颗颗美丽耀眼的红宝石。

果园里，红彤彤的苹果，黄澄澄的梨，一个个张着笑脸，迎接秋姑娘的到来。风一吹，一个个果子发出一阵阵银铃般的笑声。葡萄像一个个王者，架在高高的架子上，紫得发黑的葡萄圆溜溜的，摘一颗下来放在嘴里尝尝，甜丝丝的味道划过舌尖，香甜的口感留在了心里。

校园里，从教室里传来了琅琅读书声，那也是秋天的声音。我知道，秋姑娘来到了校园。她轻吹一口气，一片片金黄色的落叶像一只只在空中翩翩起舞的黄蝴蝶。课间玩耍的小道上，秋姑娘还为同学们铺上了一层绵软的毯子，一脚踩上去"沙沙沙"，那声音真是悦耳动听啊。

秋姑娘把凉爽洒向大地,把果实献给人们。人们怎么能不爱她呢?

我爱秋天

崔家铭

秋天,是什么样的呢?一起来看一看吧!

秋天,农民伯伯笑开了颜。一棵棵苹果树没有辜负农民伯伯的期望,结出了又大又红的苹果,酸酸甜甜的,真好吃!葫芦般的梨挂在枝头,欢乐地等着农民伯伯来摘取,梨树园里洋溢着一阵阵梨的欢笑:"哈哈,哈哈哈——"葡萄架上,一颗颗晶莹剔透的、犹如宝石的大葡萄,向妈妈告别。妈妈说:"孩子们,我虽然只养育了你们九个月,但是我们在一起经历了美丽的充满生机的春天,炎热而充实的夏天。在这个秋高气爽的秋天我们要分别了,希望你们为人类做出巨大贡献。"小葡萄都点点头,热泪盈眶,马上就要夺眶而出……

秋天,是我爱的季节。天气不那么热了,秋高气爽,非常凉快。秋姑娘用宽大的衣袖拖住炎热,送来了新鲜的果蔬——苹果、梨、葡萄、玉米……苹果红扑扑的笑脸对着我;梨胖嘟嘟好可爱,好想吃一口啊;葡萄晶莹剔透,犹如一颗颗发光的大宝石;玉米的颗粒那么饱满,一颗颗好漂亮,如果有一只小鸡,那么它会毫不犹豫地扑上去,把它全吃掉。

秋天就是这样,真想用一句英语来形容:They are beautiful!

探索秋色

崔延睿

秋天到了,有很多美丽的景物,现在就让我们走进大自然,探索这美妙的秋天吧!

"叮叮,当当……"是谁在唱歌?哦!原来是秋姑娘把大门打开了。忽然一阵香甜的气味扑鼻而来,原来果树也长出了许多的果实,我的口水忍不住流了下来。我又看到了火红火红的枫树,多么美妙的景色啊!我怎么能不去欣赏呢?

我抬起了头,突然看到了一群排成"人"字形的大雁,他们这是要飞到哪里去呢?我观察了一会儿,自言自语道:"原来是因为这里的天气不够暖和,他们要飞到南方去过冬。"我又发现了很多这样的事情,比如:小青蛙在抓紧时间挖洞,准备舒舒服服地睡个大觉;小喜鹊捡来树枝造房子;小松鼠找来松果当粮食;松树穿上了油亮亮的、厚厚的衣裳;杨树和柳树的叶子都躲在了树妈妈的脚下,它们都在准备过冬呢。

今天的探索结束了,明天我还要继续探索,去发现更多美丽的秋色。

迷人的秋天

刘佳琪

秋天，是一个丰收的季节。

远处的山上，红彤彤的苹果映红了天，农民伯伯开心地收获着劳动的果实。近处的农田上，也有农民伯伯辛苦的身影。

秋天，也是一个迷人的季节。

山上，到处都是金黄色的，不同层次的颜色从侧到正，从上到下，都是美的。这些颜色就像画家手中的颜料，就像一幅幅会动的油画。

大家都说，到了秋天树叶都变黄了，花和草都枯萎了，一切都变色了。可我认为，虽然秋天植物都枯萎了，但它也是一种美啊！春天植物都是绿油油的，显得很有生机；夏天，植物都被火红的太阳烤得耷拉着脑袋。秋天虽然树叶黄了，但树木就像一位美丽的少女，披着黄色的彩衣，在凉爽的秋风中站立着，亭亭玉立！

枫叶似火。枫叶就像一盏盏火红的灯笼，挂在粗壮的树干上。它在微风中沙沙作响，不甘寂寞的鸟儿停在枝头为它伴唱。

秋天，不仅仅是景色，连人们的穿着也别有深意。人们穿的与季节格外搭配，黄色上衣搭配蓝色裤子，他们的衣服是不是与树叶的颜色相同呢？

迷人的秋天，它不是鸟语花香的春季，也不是天气炎热的夏季，而是硕果累累、清凉清爽的收获季节，是一个迷人的季节！

迷人的冬天

王碧莹

"下雪啦，下雪啦……"我被这突如其来的声音惊醒了。睁开蒙眬的双眼，掀开被子走下床来。哇！好冷啊，我随手拿起一件衣服披在身上。哇！推开窗户映入眼帘的是一片白茫茫的冰雪世界！我迅速穿好衣服走下楼去。宿舍楼下的学生越来越多，我们不禁打起雪仗来。一时间雪花飞溅，落在我们身上、脸上、嘴上……

哎，累了，休息一下。

坐在椅子上，猛然间将目光投向山顶：一片白茫茫的雪覆盖在山上，就像为大山姑娘披了一件银装。我仔细地观察着，观察着……一颗心不知不觉远离了人们，我能感觉到大自然的召唤。闭上眼睛张开双臂，似乎我已融入这片天地。我的眼前放映出一幕幕美丽的场景——

梅花枝上的雪已经凝成了冰，在阳光的照耀下，冰雪变得晶莹剔透。

田野，雪花铺在泥土上，我走过松软的雪地留下一连串的脚印……

河水也被雪花冻住了，看不到它昔日肮脏的面容。天气的变冷使人们裹上了厚厚的棉衣，同时也关住了他们的贪念，释放了藏在内心深处最美的一面。

睁开双眼，一朵雪花飘落在我的睫毛上，依稀可以看到它的轮廓，虽然是朦胧的。

冬天来了，下雪了，小朋友们在快乐地嬉戏。

雪花也没有闲着，它在帮大家洗涤这一年中我们沾染的丑陋、贪婪，同时也在守护我们内心深处的真善美。

冬爷爷的礼物

郝丽敏

一个冬天的早晨，我拉开窗帘，发现了冬爷爷送给我的礼物。

那是一幅画。三块玻璃上冻成了一幅幅美丽的冰画，像一层冰的窗帘。渐渐的，窗户的整个画面出现了。嗬！有高山悬崖、有大海奔腾、有绿树丛花，还有小鸟在飞翔、飞马在奔跑、蝴蝶在飞舞。

我看着看着，忽然，仿佛有一匹冰马从画面上飞了出来，它一边跑，还一边唱着动听的歌："我是一匹冰的马，跑来跑去跑不停；我是一匹冰的马，把冬天的礼物送给你！"唱完之后它便消失了。瞧！第二扇窗户上的画也动了起来，变成了一个卷头发的女郎，她正在翩翩起舞呢。过了一会儿，她也不见了，去哪儿了呢？我在画面上寻找着，上面什么也没有了，只有那小水滴滚落到窗台上。

玻璃上的画面不见了，只有水珠继续向下流着，形成了一条条的水痕，多像垂下来的柳条呀！太阳出来了，小水珠变成了小彩珠。渐渐的，冰的画没有了，只有那还未掉完树叶的大树。

虽然冰花存在的时间是短暂的，但是它给我增添了无限的情趣，给我留下了无穷的回味。

啊！冬爷爷的礼物——冰花！

窗上的冰花

赵余杰

今天早上，我们集体打扫卫生。我来到窗前，准备擦玻璃，突然发现了玻璃上各式各样的冰花是那么奇特。

在一个窗户上，那冰花就像两只同时过独木桥的小山羊，互不相让，它们两个头用劲地顶在一起，小羊的前腿与后腿清晰得像画的一样。桥的两边像一丛茂密的树林，这些树有的像南方的椰子树，有的像北方的白桦树。小小的冰花把祖国南北牢牢牵系在一起。

当我抬头看别的玻璃时，发现每块玻璃上景象都不相同。有的像翻腾的大海，那涌起的波浪，使人想到大海的汹涌澎湃；有的像突兀耸立的山峰，一丛一丛，层层叠叠；还有一块好像一件虎皮大衣，漂亮的花纹清晰可见，如果把它拿下来送给奶奶，奶奶一定会高兴得合不拢嘴的……

我看了这块看那块，没有一块玻璃上的霜花和别的相同，它们各有特点。这时，我突然想到，白天飘散在空气中的小水珠，一个个像调皮的娃娃，夜间横七竖八地趴在玻璃上休息，就形成了这样一幅幅美丽绝伦的写生画。我想,世界上很难找到一个画家能画出这么自然的图画。对了,大自然本身就是一个大画家,一个真正的大画家。我这样想着,不知什么时候太阳已悄悄升起来了。光线从玻璃上射进来,刚才那种种景物便逐渐变得模糊起来。

我看着模糊的窗花感到可惜,但又有所希望。因为明天它们还会出现,而且与今天绝不相同,会更美更好!

冰　花

李文珍

一个严冬的早晨,我一觉醒来,一下子被窗子玻璃上那些形态各异的冰花吸引住了。

你瞧,那不是一幅"骏马图"吗?一匹匹骏马正昂首在辽阔的草原上飞奔呢。啊!这块玻璃上是一幅"鸟兽图":一只只百灵鸟站在树上唱着婉转动听的歌,树下一群小黑熊跳起了交谊舞,凤凰兄妹的风姿更吸引了许多的观众。那边还有一幅"百花图",有争相怒放的一串红,香气扑鼻的月季,娇艳的五星花,还有紫罗兰、芙蓉花、柳叶梅、海棠花。啊!那一幅就叫"森林图"吧,繁茂的树木、绿油油的草原、哗哗哗流个不停的小溪,还有一只小鹿在溪边饮水,小白兔机警地竖起耳朵。

冰花,大自然的杰作,即使是世界上最高明的画家,也创作不出如此绝妙的作品。

种子

　　太阳陪着小树走过了一个又一个春天,走过一个又一个夏天……小树长成了大树,它为人们遮阴,让小鸟建房子,和许多动物结成了伙伴。

种　子

刘佳琪

小小的种子被人们播种在土地里，每天吸收很多营养。

终于有一天，种子想破土而出了，但它再怎么向上移动，也出不去。它没有放弃，而是继续吸收更多的营养，继续向上移动。

突然，它被一道光闪到了眼睛，那是太阳，种子长叹道："啊！多么美的太阳，多么清新的味道！"是的，已经长成小苗的它，闻到了太阳的味道，是自己从未闻过的味道。

有一天，下雨了，小苗被雨水冲刷得满身水珠，它也感受到了人世间的第一个天气——雨天。从它被人们种到土里，到破土而出，长出小苗，这些新奇感，它以前从未感受到过。

不知不觉，它长成了一棵小树，那正是夏天的时候。同时，它也即将感受到另一种天气，干旱。天和地像一个大烤箱，小树被热得出了汗，它望着火辣辣的太阳，对太阳说："你伴着我度过这个夏天，陪着我成长，我太谢谢你了！"

就这样，太阳陪着小树走过了一个又一个春天，走过一个又一个夏天……小树长成了大树，它为人们遮阴，让小鸟建房子，和许多动物结成了伙伴。

从小种子到参天大树，这是一场生命的远游，小种子在远游中获得了人生中好多第一次。它之所以长成了大树，就是因为它一直努

力，从不放弃，才得到了它想获得的东西。

一只离群的蜜蜂

张 金

"嗡嗡嗡……"蜜蜂们紧张地忙碌着，有的采蜜，有的盖房……

一只自以为是的蜜蜂，它觉得自己干得非常多，但又吃得少，于是对别的蜜蜂说："我干了那么多，为什么让我吃得这么少？"

其他的蜜蜂正忙得不可开交："我们都出了力，吃的还不是跟你一样多！你有什么不满足的？"

这只蜜蜂越想越气，一气之下就离开了蜂群。它想："我要自力更生，让你们看看，离开你们，我会过得更好。"离开蜂群后，蜜蜂自己采蜜吃，刚开始过得很好，可是慢慢的，寒冷的冬天来了。它自己采蜜酿蜜，平时又吃得很多，根本没有考虑冬天没有花蜜可采时应该怎么办，所以并没有存下多少蜂蜜。它又冷又饿，想到了蜂群，想起了温暖的蜂窝。可是，它很担心再次回到蜂群，会被其他蜜蜂嘲笑。想着想着，它慢慢地睡着了……

模模糊糊中，蜜蜂感到有人在呼喊自己的名字，它感到一阵阵温暖。它慢慢睁开眼，发现自己又回到了蜂窝，其他蜜蜂正关心地看着它。原来，进入冬天后，蜜蜂族长就开始担心起小蜜蜂，因为它还没有经历过冬天，很可能会有意外。所以，它派出许多人手出去寻找小蜜蜂，最后，终于将奄奄一息的小蜜蜂救回了蜂巢。

吉娜的故事

雷淑涵

下雪了，山上白茫茫的一片，车子上、房顶上也都是白花花的雪，"啊！"我不由得发出感叹，因为雪的世界很美丽。

"吉娜、吉娜。"咦？是谁在叫我？我回头一看，原来是我的小主人。"吉娜、吉娜快过来，我带你出去看雪景。"一听到要看雪景，我高兴得不得了，飞快地跑过去扑到主人的怀里，对她汪汪地叫个不停，我的小主人怕我冷，给我穿了一件非常漂亮的外套。

我们出门了，我到处乱跑，在雪上踩下一个一个的脚印，我非常高兴，主人看见我这么高兴，她也和我一样在雪地上奔跑、踩脚印，可是意外突然发生了。

一位骑自行车的大叔突然出现在我的视线里，他正向我的小主人撞过去，我飞快地跑过去，可还是慢了一步，小主人被他撞倒了，可他竟然看都不看一眼我的主人，还说了一句："你没长眼睛啊！"我气愤极了，就准备上去咬他，可是小主人把我拉住了，不让我上前。那个大叔走了，我的小主人倒在雪地里浑身湿透了，我力气小，不能帮小主人回家，这该怎么办呢？再这样下去我的小主人会感冒的⋯⋯

正当我想不出办法时，一个年轻的大哥哥走了过来，我像是看到了希望，跑过去咬住他的裤管，他低头不解地看着我，我向我的主人方向叫了两声，他朝那里一看说："是不是你的小主人摔伤了，回不了家?"我向他点点头。他向主人走去,抱起主人,并询问家在哪里,然后他把我的主人送回了家,还给我的小主人查看了伤势。我在听他和主人的对话时,听到他说他是个医生。在他临走时,我向他叫了两声,并用头蹭了蹭他,他摸了摸我的头。

这个冬天之所以迷人,大概是有像这位大哥哥一样善良的人吧!

鸟儿的抗议

刘佳琪

"叽叽叽……"早晨一起来,就听见小鸟清脆响亮的歌声,这声音真美妙啊!可是,现在鸟儿们也有了意见。

鸟儿好像在说:"为什么我们天天给人类唱歌,可人类还是不满足,还把我们的家园毁得一根木头都不剩?真的是好鸟没好报!""可不是嘛,有一次,我正在睡觉呢,忽然就听到锯木头的声音,再过了一会儿,大树就倒下了。"它旁边的鸟儿说。

另一只小鸟好像也正准备发表自己的想法呢,突然,一个人拿着锯子走了过来。只听见几声刺耳的锯木声,大树摇摇欲坠,鸟儿们吓得四散逃飞了。

有一只小鸟非常胆大,竟在那个伐木工头上盘旋,看起来好像要反击他们。那只小鸟迅速地向他们飞去,转眼间就在他们的头上啄了几个印。鸟儿们看见了,也飞来啄他们的头。过了一会儿,鸟儿们才离开。再回头看看那个伐木工人,哎!真是可怜。脑袋都快变成马蜂窝了。

鸟儿们飞走了，它们只留下了一句话："别再来破坏我们的家园。"

是啊，这也许是鸟儿们的抗议吧！为什么要破坏它们的家园呢？难道鸟儿付出的还不够多吗？它们每天都唱歌，多累呀！要知道，鸟儿们是要在美妙的环境中才能唱出美妙的歌声！

最爱家乡的秀丽山水

熊雨萌

我的家乡有很多称号。有人说，它是世界的"东方花园"；有人说，它是"油菜花之乡"；还有人说，它是一个"金花银瀑"好地方……你知道我的家乡是哪里了吗？没错，它就是罗平。

每年的一月至三月，罗平几十万亩的油菜花就会竞相开放，与周围绿色的梯田构成一幅美妙绝伦的油画，每年都吸引了许多游客前来游玩、观赏。前几年，罗平在油菜花田里设立了直升机观花海的游玩方式，你可以乘着直升机，鸟瞰整个油菜花海。如若你想近距离观赏，也可以在沿途搭乘牛车观光，当然，也可以步行，但要小心沿途的蜜蜂。

罗平的另一处著名景点，就是多依河。景区从多依寨至"鸡鸣三省"的三江口，全长十二公里的河床上有近四十个瀑布。两岸古木修竹，色彩丰富，层次清晰。多依河以一位名为"多依"的美丽少女而命名，多依河由五个地下泉滩涌流汇合，河床多为岩石，纤尘不染，一身青碧。这里聚居了布依族、壮族、苗族、瑶族等民族。农历三月三时，布依族青年男女盛装云集河边，赛竹筏、送蛋包、泼水嬉戏，仿佛一片世外桃源。

　　最后，有一个地方是一定要去的，那就是罗平古十景中"三峡悬流"之首——九龙瀑布。进入瀑布，首先映入眼帘的是碧日滩，静澄平静。滩下有河心小岛，将水一分为三，形成三个高约两米的小叠水，这便是九龙瀑布的第一瀑。紧接着的是情人瀑，也被称为第二大瀑布，高四十三米，宽三十九米。沿着瀑布边陡峭的石阶路，攀上瀑布顶，回首俯瞰，碧日潭、月牙湖、戏水滩、钙化叠水尽收眼底。

　　这就是我的家乡，在这里，你可以体会到最纯真、原始的东西，在小桥流水中找到早已丢失的童真。

故乡的小路

李悦含

　　崎岖不平，高高低低，雨天一片泥泞，晴天风过土扬。多么淳朴的一条乡间小路啊！我那淳朴的故乡人祖祖辈辈都走在这样的乡间小路上。

　　村口的那棵古槐树便是这条小路的起点，小路从古槐树下向东延伸，弯弯曲曲，直到在视野中消失。啊，在这条小路上留下了父辈们坚实的足迹，留下了我难忘的童年时光，抚摸着树身，凝视着枯老的树皮，我在脑海中搜寻起有关小路的记忆。

清爽的晨风，吹来树木的清新气息和庄稼的馨香。古槐树下一片欢声笑语。赶集的人们这里会齐，用小车载着沉甸甸的收获，捎上家人的希望，沿着小路，结伴走出村外。此时，我也会把晶莹透亮的梦幻，让外公带到村外那个缤纷的世界。夕阳下，晚霞里，赶集人的身影出现在山路上，他们的脸上映着夕阳的最后一抹霞光。这情景，就像电影中的镜头，定格在我的脑海中。

　　啊！故乡的小路就是这样一条饱含深情的小路，同时也是一条充满希望的小路。

　　曾记得，村口的那棵老槐树的叶子绿了又黄了，黄了又绿了；槐花开了又落，落了又开。当古槐树又一次披上浓绿的新装时，我跟着父亲，带上亲人的美好祝福，怀着美丽的憧憬，沿着故乡的小路，走向新的世界。当我走在平坦的柏油马路上时，当我惊喜地穿上了校服时，当我面对多姿多彩的生活时，我的内心难忘故乡的那条小路。

　　岁月流逝，年华似水，奔跑在绿茵场上，端坐在窗明几净的阶梯教室里，徜徉在图书馆的海洋中，我的视野开阔了。渐渐的，小河的潺潺流水不再在耳边回响，蜿蜒的小路也在离我而去。

家乡的皮影戏

马鹏程

　　我的故乡是古城阆中，在那里，不仅有美丽的风景，还有一种特别的传统表演——皮影戏。

叔叔告诉我，皮影是用牛皮做的，把牛皮晾干后，用小刀在上面刻上精美的图案，再涂上漂亮的颜色，一个皮影就做好了。

皮影动起来就像真人一样。原来它的腿上、腰上、手上，都有又细又长的小棍子扎在上面，只要轻轻动一下小棍子，它就会手舞足蹈起来。

有一次，老师带我们去看皮影戏表演。表演结束后，我们还围在表演的爷爷身边，不舍得离去。表演的爷爷让我也来试一试。没想到皮影一点儿也不听我指挥，一会儿做个俯卧撑，一会儿又弯下腰，甚至还会倒在地上"装死"。我皱着眉，生气地想："你这个小家伙，别高兴得太早，看我怎么对付你。"后来我更卖力地摆弄起来，但这个小人更不听话了，最后是表演皮影的爷爷来帮着我，总算勉强让它动了几下。

这就是我家乡的皮影戏，我爱皮影戏。

家乡的美景

王璧莹

我是一个陕北小妞，在我的家乡有许多的革命历史文化旧址，有巍峨的宝塔山，有记载着毛爷爷故事的杨家岭，还有许多被外人称为是"石头山"的山。没错，我的家乡就是红色圣地——延安。

延安虽然不大，但它是拥有着历史记忆的城市。今天我不介绍我家乡的革命历史文化旧址，而是来介绍介绍我们的公园——枣园公园。

枣园公园是一个大公园，由七彩的鹅卵石铺成的停车位，在阳光的照耀下鹅卵石闪烁着像彩虹一样的颜色。顺着这条路走下去，我们可以看到阳光照射下的金灿灿的沙滩上有一些体育器材，有摇动的秋千，还有立在那儿一动不动的攀爬器材，如果你想下去的话，请一定要三思而后行，因为在阳光的照耀下，原本清凉的沙子会变得非常烫，非常烫。

走出这片令人难以忘怀的沙滩后就到了我这个陕北小妞最喜欢的地方——镜湖，这湖本来无名，但在我来过之后便为它取名镜湖。因为，这湖水非常清澈，可以倒映出人影，所以我为它取名镜湖。

一眼望去，成群的白鹅在水面上慢慢游动，让我们可以感受到一丝幽静；一阵风吹过，湖面上便泛起层层的波纹，在阳光的照耀下，别有一番韵味。动静相宜，让我对镜湖有了更深的印象。

走出公园，一定要去吃一吃我们这边最著名的小吃——羊肉泡馍。羊肉泡馍是在做好的羊肉汤里泡上掰成小块的烤饼，就成了一道非常好吃的小吃。

希望大家可以多来玩，让我们延安人用热情来款待大家吧！

家乡的香干

周俊芳

秋意正浓的时节，我回到家乡，走进一条落着几片秋叶的小巷子，那条在我记忆深处留下最温馨的烙印的小巷……

那天，天空出奇湛蓝，云就仿佛白色颜料，不知被何人轻轻缀抹在天幕上。忽然，我被一股莫名的香气勾住了魂魄，循着美食的味道，来到一家店前——招牌已被油烟熏得褪了色，只能依稀辨出"武冈香干"这几个字，老板微胖，用手支着脑袋微微打盹儿。

"叔叔？"我轻声试探，"我要两串香干。"

大叔如梦初醒，忙站起来，呵呵笑道："好嘞！"

我在树下的桌子边坐下，椅子是木制的，掉了一大层漆，坐起来"吱呀吱呀"的。风轻起，夏未央，狗吠声由远而近，若有若无，细微得如同从另一个世界的入口传来一般空灵。巷外小贩的吆喝十分亲切，就连头顶上的树叶也附和着"沙沙"作响……

大叔用小塑料盒包着香干递给我，热气腾腾，手心不觉地也渗出了汗，我一咬，刚出锅的香干溅出滚烫的水，烫得我不断呼气，辣酱的麻辣、香菜的清香混着吸入口中的一阵阵凉爽的风，透过舌尖，慰藉了我的胃……

吃完香干后，我拿起书包，与大叔道别，微风轻轻起，我逆着风向前走去，耳畔只有发丝滑过耳垂的声音。哦！我惊动了一个温柔的故事，也留下了一段静好的时光……

家乡的美食

赵 越

我的家乡物产丰富，这里有红橘，有银耳，有黄花菜……而最有名的还要数历史悠久、名扬海内外的灯影牛肉。

灯影牛肉薄如蝉翼，棕红闪亮，灯照透影，这话的确不假。打开一罐灯影牛肉罐头，肉片薄薄的，如同一张张纸片一般，形状各异。说它像纸一样薄，一点儿也不夸张。我对灯影牛肉的薄十分好奇，于是拿起一片放在眼前，向四周望去，隐隐约约地看见墙上的挂钟，看见挂历上美丽的图案，看见台灯闪耀的亮光。灯影牛肉的颜色也十分鲜艳，红里透黄，一片片灯影牛肉就犹如一张张涂满了酱红色的薄纸片。捧起打开的灯影牛肉，一阵麻油香气扑鼻而来，使你垂涎三尺。把一片灯影牛肉放进嘴里，咸淡适宜，香味俱全，香脆可口，使你吃了一片，还想吃第二片呢！

灯影牛肉的制作工艺十分复杂。须先将肉质细嫩的牛肉去掉筋腱，洗得干干净净，放在五香调料里浸泡入味后，再拿出来。叔叔、阿姨用熟练的刀法，把牛肉切成一张张薄薄的肉片，平平地放在竹筛上，送进烘房里烘烤。经过烘烤，肉片越来越薄，肉色越来越鲜，再以麻油浸拌，做成的灯影牛肉片薄、色鲜、味美、酥脆。

如今，灯影牛肉以它独特的风味成为国宴上的佳肴，不仅如此，它还远销欧美、东南亚几十个国家，产品供不应求。在我国众多的食品中，灯影牛肉堪称一绝！

柿　饼

杜欣亮

"七月枣，八月梨，九月的柿子红了皮。"在家乡，每年农历的九月份，红红的柿子就挂满了枝头。这时节，人们用长长的夹杆，把柿子一个一个地夹下来。然后把夹下来的柿子小心地摆放在筐子里，再拿回家。制作柿饼时，要先把皮刮下来，刮好的柿子用线系在房檐下面晾晒。晒上半个月以后，等柿子变软了，就把它们拿下来，捏成扁扁的柿饼。捏好柿饼，就可以摆放进瓷缸了。

先在缸里摆放一层柿子，再铺一层刮下来的柿子皮，然后又是一层柿子、一层柿子皮，交替摆放。放满一瓷缸后，用圆形的石盖盖住瓷缸口，再用泥巴把石盖和瓷缸之间的缝子封死，然后把缸放在阴凉的地方。

等到新年到来的时候，人们便把封死的瓷缸打开，扒开柿子皮，拿出来柿饼就可以吃了。

这时，红色的柿饼变成白色的了，这白色就是柿霜。为什么会产生柿霜呢？这是因为柿子在缸内密封时，糖分慢慢地渗出，逐渐结晶变成了白霜覆盖在柿饼上。

好的柿饼水分很少丢失，吃起来又甜又软。老家人常常用柿饼招待远方来的客人，也把柿饼作为赠送亲友的佳品。

橘 子 树

刑 灵

橘子树是南方最常见的果树，无论是平地还是山坡，无论是房前还是地角，到处都长着橘子树，有的是人们栽种的，有的是自己生长的。我外公家也种了许多橘子树，外婆说，那是他们家办的"银行"。新奇吧，城里的银行开在高楼大厦里，但农民的银行却开在田地里。

橘子树是一种常绿果树，一年四季都是绿的，但每一季都绿得各不相同。春天的绿最有生气，嫩黄嫩黄的；夏天的绿最显葱郁，碧翠碧翠的；秋天是一种丰裕的绿，饱含着丰收的醉意；冬天是一种厚实的绿，绿叶外仿佛裹着一层绵软的防寒蜡质。

橘子树开的花很细小，白色的花瓣簇拥着淡黄的花蕊，毫不张扬，却充溢着清香，孕育着希望。每朵花，本来都可以孕育出一个果实，但总有一些在成果前凋落了。爸爸说，正因为有许多许多花儿的自我牺牲，留下的果实才会长大成熟，这是生物生存的自我选择，动物世界乃至人类社会的生存之道也是这样，这既是一种品质，也是一种美德。

小小的青青的橘子，在阳光照耀下，在雨水滋润中，一天天长大，到了秋天，由绿色慢慢变成黄色，挂在葱茏的枝上，活像一颗颗金黄的宝石，又像一支支燃烧的火把，漫山遍野，让人振奋，使人激动，那是久盼的丰收，那是劳动的回报。外婆指着他家那片橘林自豪地说，在这座"银行"，存进去的是勤奋和汗水，取出来的是丰收和幸福。妈妈说，她小时候全靠着那一片橘子树结果卖钱，上学读书。成熟的橘子金黄金黄的，味道酸甜酸甜的，既好看又好吃，但妈妈他们总舍不得吃，要留着出售换钱读书。他们当然知道橘子好吃，但为了心中比橘子还甜蜜的希望，他们只得割爱。

我喜欢家乡的橘子树，喜欢它细白的小花，喜欢它常绿的树叶，喜欢它金黄的果实，更喜欢它给人们带来的丰收喜悦和美好希望。

人要善于推理和观察

——读《福尔摩斯探案集》有感

贾郝尧

　　人们要善于观察和推理，为什么我会这么说？因为我读了柯南·道尔的《福尔摩斯探案集》。

　　这本书里主要写了福尔摩斯和他的同伴军医华生一起破了许多特殊的令人费解的案件，他曾说他的家里变成了高级法院。你知道为什么他破的案子是不寻常的吗？因为他善于观察和推理。

　　然而，大多数人都不擅长观察和推理，比如我。

　　就是因为我不好好观察，所以我的观察日记一直都写不好。记得有一次作文比赛，题目就是观察日记，就是因为我不仔细观察、不会观察，所以只得了个优秀奖。

　　有一次，学校组织野炊，我们分组抓蝴蝶，因为我吸取了上次比赛的教训，所以我这次把我们组的蝴蝶的样子翻来覆去看个仔细，于是我就一抓一个准。到限定时间内我一共抓了七八只蝴蝶，最后我们组得了第一名呢！

　　生活中处处需要观察。

读《保姆狗的阴谋》有感

同子碧

我读过一本"笑猫日记"系列的书,叫作《保姆狗的阴谋》。

里面讲了保姆狗抚养大了帅仔之后,因为嫉妒,便迫害帅仔,但每次都被笑猫救下。后来,在保姆狗制造的一场车祸中,帅仔没死,它自己却受了伤,终于,它在放下了怨恨的同时也死去了。

看完这本书后,我一个同学说:"保姆狗也真是的,早点儿放下怨恨也不至于丧失了性命。"我想,这个东西真可以这么轻易放下吗?

至少,我不行。

我也嫉妒过别人。一次,我一个很好的朋友突然很长时间没理我,却与一个我们都不喜欢的女生勾肩搭背。那段时间里我一直是单独一人,每次我看见她俩,眼里都要冒出火来了。后来我又静下心来,想了想,每个人与谁关系好都是自己的自由,不该强迫别人。同时,不该一味地嫉妒不喜欢的女生,也许三个人都可以成为很好的朋友呢!我照着自己想的去做,结果我们三个成了好朋友,在相处中几乎连意见不同的事都没有发生过。

讨厌一个不讨厌的人,真的很累。你们真的可以试一试,嫉妒别人时,深呼吸三十秒,再想一想,自己有没有哪里不足,也许会有意

想不到的收获。因为，我们每个人头上，都有一片属于自己的天空，没必要去抢夺别人头上的天空。

读《窃读记》

郭子瑜

最近我翻了一遍语文书，有一篇文章使我印象深刻，它就是《窃读记》。

故事中，林海音有一颗追求文学的心。她家境贫困，买不起书，只好跑去书店看书，为了不被人发现，经常要跑到好几家书店看书。她喜欢去人多的书店，因为这样就没人可以注意到她。

她轻轻地溜进书店，暗喜没人注意，便焦急地寻找着那本她没读完的书。找第一遍的时候林海音有些失落，她的那本书竟然"不翼而飞"了，再找第二遍，她不由得窃喜起来，她的那本书终于找到了。急忙打开书，一页、两页，她像一匹饿狼贪婪地读着。她很快乐也很惧怕这种窃读的滋味，有时候，林海音还会靠在大人的身旁，好像他是大人的小妹妹或小女儿。林海音很会识人眼色，当她觉得不再适合读下去的时候她会知趣地放下书，走出去。

有时候一本书要跑几家书店才能读完。林海音最喜欢在下雨天读书，越是下倾盆大雨，她越高兴，就像在屋檐下躲雨一样。书店的老板不好意思把她赶出去，林海音还要装着皱起眉头，不时望着街心好像在说："这雨，害得我回不去了。"

读到这里，我开始佩服林海音，她是一个热爱学习的孩子，为了学习，她可以想尽一切办法。

有些孩子，读到不认识的字，就扔下书本不读了；有些孩子，读到不感兴趣的时候就置之不理；有些孩子，因为不爱读书，而放弃学业；有些孩子，对读漫画却是一味地投入……

正如莎士比亚所说："书是全世界的营养品。"我们现在要好好学习，爱上读书，如果你赞成我所说的，就来读一读《窃读记》吧。

关心他人

冀乐天

学会关心别人，也是一种无形的快乐。

一个人累了，瘫在椅子上气喘吁吁，这时你递过去一杯水，这也是关心。他喝下去的不仅仅是一杯水，更是一杯能帮他驱走疲劳的"圣水"，他服下的是你的关心、体贴，是你对他心灵的安慰。

在我们的身边，也有许多人需要我们的关心。妈妈为了我们，日夜操劳，不仅要忙工作，回家以后还要照顾我们的生活。望着妈妈那布满血丝的眼睛，我们是不是应该向她道一声："妈妈，您辛苦了！"我们的关心，能帮妈妈赶走疲劳，能让妈妈心情愉快，不是吗？

关心，是在流光溢彩的画卷上又添了一道彩虹；关心，是在星光闪烁的夜空中又挂了一弯明月；关心，是在花香四溢的草原上又种了一株玫瑰。

小朋友们，关心别人也是关心自己，请关心一下周围的人吧。

打开心窗

范 罡

每个房间都要有窗，正如每个人都要有眼睛一般。

窗，经过几千年的演变，由古老的花窗，到今日的金属窗，虽然窗的形式不断改变，但它们的作用是一样的——通风、采光。窗，带给我们明亮的光线、新鲜的空气，带给我们一个万紫千红的春天，窗外的花开花谢，不就像世事的变化、人间的兴衰吗？

房子要有窗，我们的心灵也要有窗。房子的窗必须天天擦，才能洁净光亮；同样，心灵的窗户，也必须天天以自我反省的方式擦拭，才能澄明。

有人说："眼睛为灵魂之窗。"所以我们的灵魂之窗也要保持明亮，才能够看远、看透、看正确。

窗明几净，能带给人舒适明朗的感觉，使人办事有效率，工作有成果。窗子要经常打开，让光线照射进来，使空气流通，发挥窗的功能。一样，我们的心窗也要时时开放，才能明辨是非，使我们的人性更纯洁、光辉。

告别昨天，抓住今天

毛晨宇

昨天，来也匆匆，去也匆匆。昨天已经与我们分手，有如流水一般，再也不复回了。

昨天走得仓促，面影朦胧，你可曾真的认清了它的面目？

昨天是一个白昼和一个夜晚的简单的和，在白昼和夜晚简单的和里，你可能留下了深深的印记——有的人留下了光彩，而有的人却留下了污斑，还有人只留下几声无聊的话语……

你呢，你给昨天留下了什么？

在向昨天揖别的时候，愿你不要因为辜负了它而内心有愧。

今天悄悄地来了，你可曾思索过，今天又是什么？今天，是昨天所未曾得到而明天又行将失去的东西。昨天是今天的逝去，明天是今天的延续，今天它不属于未来。

今天是活生生的、实实在在的，今天又充满色彩、阳光、生气和活力。今天有风也有水，有草也有花，有阳光和云朵，有高山和海洋，还有月亮和星星……

今天很快会过去，明天即将到来。今天是你生活中的一小部分，昨天的二十四小时你已经走完了，如果你曾经失败，那么你的失败永远是昨天的，把失败留给昨天，今天是新的起点。

今天，许多人都在劳动、学习，而你，你可曾为今天留下光辉的一页？

啊，这就是今天，朝气蓬勃的今天，充满快乐的今天！今天是为了诞生希望和奇迹而存在的，谁也不要辜负这洒满阳光的日子！

抓住今天吧！紧紧地把它抓住吧！

希望

　　传递希望，不像是传递某件物品一样，给了另一个人,自己的就消失了。其实，希望是一种精神,精神的力量是取之不尽、用之不竭的!

平　凡

王　铮

平凡中也有美，也有不平凡的道理。

"平"和"凡"，组成了"平凡"一词，其本义是"平常，普通"，但我却发现，有些被人认为平凡的事，其实也不平凡。

我坐在前往北京旅游的汽车上，肩上的背包太重了，我不能长时间地背着它，必须时刻瞟瞟周围有无什么空地方，能放下背包。扫一眼座位下面，密密麻麻的脚，密密麻麻的鞋，密密麻麻地布满了整个车厢。叽喳说话声，车子晃动声，以及各种各样的味道汇成一曲车厢交响乐，听得我晕头转向，差点儿把早晨吃的东西全吐出来。

突然发现，旁边有我一个同龄人，看来也是自己出来旅游的，我们两人中间隔着一个空隙，放着他的书包。他不像别人半梦半醒，而是完全清醒地看着窗外飞驰而过的景色，面色很是苍白，看上去很难受，似乎再过几秒钟就会晕过去。

"对不起？"我小心地问道，"我能……我能把书包放在这儿一会儿吗？"他回过头，看着我似乎十分费力地吐出一句话："你能再等一会儿吗？"

得，恐怕这也就是句客套话，我当时心想。没办法，只有先把书包放到腿上，先睡一会儿吧。

不知过了多久，旁边那个人叫醒了我，我没好气地问："什么事？"他说："你把书包放下吧。"很平静。我又用质问的口气问："为什么刚才不行，现在倒行了呢？"他笑着对我说："我刚刚想吐，现在吐了几口，就好了。"很和蔼，很温和的。我无言以对。

这也许就是件平凡的事，却又挺不平凡的。它告诉我：别关闭你的心，别让别人的真诚进不来；别空着你的心，同时也空了别人的心。

珍　　贵

郭凌秀

世上什么最珍贵？不同的人有不同的理解。有人认为友情最珍贵，有人认为诚实最珍贵，也有人认为金钱最珍贵……

我认为，忠诚最珍贵。

忠诚，如今已成为了稀缺之物。忠诚并不只代表下级对上级无条件的永远的忠心，而是一种甘愿的"诚信"。

忠心，诚信，便构成了"忠诚"。

著名作家杨红樱在接受采访时说道："我怕失去仔仔（她的狗），不是怕孤独和寂寞，孤独和寂寞对一个作家来说，都是必需的，我怕失去的是越来越稀缺的忠诚。"

忠诚在人的生活中是必不可少的，如果世界上没有了忠诚，人们彼此都不信任，那该多可怕呀！不信任父母，不信任伴侣，不信任儿女以及所有的人，那么我们的生活将会是如何？

天下的人们，千万别丢失了为人最珍贵的品质——忠诚！

希　望

冯韶华

希望是什么？希望是阴雨天的一丝阳光，是黑暗之后黎明时分的第一丝曙光……希望给人温暖，给人力量。

希望究竟是什么，恐怕没人细究。在我看来，希望是失望的对立面，是一种给予人动力的信念，是一种只可意会、不可言传的精神。

如果将生活中的着火视作希望，冒烟视作失望，那么有人只会说："我的生活七处着火，八处冒烟。"

其实他说错了，失望，绝不可能多于希望。因为一处希望消失了，会有另一个希望来顶替它；一处失望消失了，下一个顶替它的一定是希望，而非失望，而且希望是会生生不息的。

希望还可以传递的，比如一个人在另一个人绝望时对他说了句"加油"之类的话，希望就从一个人的心里，传递到了另一个人的心里，当然那个人原本的希望也会得以保留。

传递希望，不像是传递某件物品一样，给了另一个人，自己的就消失了。其实，希望是一种精神，精神的力量是取之不尽、用之不竭的！

愿希望之光传遍世界每个角落。

自 由 的 云

李 静

云是个魔术师，常常变幻自己的样子，使人看得眼花缭乱。它有时变成了温柔可亲的母亲，慈爱地抚摸着怀中甜睡的婴儿；有时变成了洁白的天鹅，飞向蓝蓝的天空；有时变成一个大力士，把一座城堡高高举起；有时又变成了一头凶猛的狮子，在高高的山峰上抬头向天怒吼。

云是个爱漂亮的小女孩儿，高兴的时候，穿白衣服，像个纯洁的天使，惹人喜爱；生气的时候，穿黑衣服，像个狡猾的巫婆，可怕极了！早晨，她给自己披上一件粉红的轻纱；傍晚，她又穿上了橘红的长裙，去参加舞会。

云是个流浪汉，天天到处去流浪，从东逛到西，从西荡到东，像风一样自由自在，有时在月牙儿上荡秋千，有时和星星玩捉迷藏，有时和小鸟讲悄悄话，有时和风筝比跳高。

云是个淘气的孩子，到太阳公公家玩，把墨汁打翻了，云和太阳公公都变黑了。云难为情地哭了，泪水不停地掉着，地面上便出现了五颜六色的雨衣和雨伞。太阳公公笑着，在天边变出了一道光彩夺目的彩虹，对云说："好孩子，不要哭了。"云这才擦干眼泪，回去换上白衣服，高高兴兴地和彩虹姐姐一起玩。

云千变万化，使世界多姿多彩，真希望我也是一朵云，在蔚蓝色的天空自由自在地飘来飘去。

刺猬上当了

李 慧

从前，森林里住着一位刺猬姑娘，她非常爱打扮，谁要是在她面前说："刺猬姑娘多漂亮呀！"她准会乐得合不拢嘴。

森林里，还住着一只狡猾的狐狸，他作恶多端，经常有坏点子。他早对刺猬姑娘垂涎三尺了，可刺猬姑娘有武器——满身的刺，让他无法下手。

一天，狐狸假惺惺地对刺猬说："刺猬妹妹，森林里要举行选美比赛，大家都说你能得冠军，可是……""可是什么？"刺猬姑娘急切地问。"可是，大家都说你虽然美丽，但是满身的刺一根一根直立着，这个发型一点儿都不好看。"刺猬听了动心了。

于是，刺猬姑娘找森林里的理发小鸟给她理了发，满身的刺被剪得短短的。结果，刺猬在回家的路上被狐狸给吃掉了。

感冒传染记

徐方伟

小驴灰灰得了重感冒,虎大夫说:"你的感冒太严重了,应该戴个口罩。"小驴灰灰戴着口罩出院了。一阵寒风吹来,小驴灰灰禁不住打了个喷嚏,把口罩喷出很远。

松鼠乐乐看见了口罩,心想:口罩可以做吊床呀!它就把口罩拴在树枝上,躺在上边说:"真舒服。"忽然,乐乐看见一个大松果,就去摘松果去了。这时,吹来一阵大风,口罩正巧飞到了小狗丽丽身边。丽丽高兴地说:"谁的帽子飞到这里来了?"说着就将口罩戴在头上。丽丽戴着口罩去找小兔白白玩,白白看到口罩惊奇地说:"这不是篮子吗?你怎么把篮子顶到头上了?快送给我吧,我用它可以采好多蘑菇。"

小驴灰灰又到了医院,说:"虎大夫,再给我一个口罩吧。"这时,松鼠乐乐、小狗丽丽、小兔白白都来到了医院,虎大夫说:"你们都怎么啦?"它们一起说:"我们都得了重感冒了!"

小马的下场

方景丽

有一匹小马,天天拼命地拉车干活。有一天,小马拉着车在路上遇到了一只螳螂。螳螂对小马说:"马老哥,我这次可不是'螳臂当车'来了,只是觉得你这么辛苦地干活,多累呀!你看我,多逍遥,多自在呀!"

小马并没有理会螳螂,只是一脚把它踢开继续向前走。可是,小马心里却一直在琢磨着螳螂的话。

回到家,小马想:"螳螂说得对,我为什么要这样卖力地干活呢?"它越想,心里就越觉得不是个滋味。于是,小马决定也要过过那种逍遥自在的生活。从此以后,小马天天好吃懒做,感觉舒服极了。它甚至认为,自己以前都是白活了,太不懂得享受生活了!

终于有一天,主人愤怒了,认为它没用了,于是,就把它杀了!小马抱憾而终。而螳螂呢?却依然自由自在地生活着。你知道这是为什么吗?

蚂蚁拔牙

栗晓齐

森林里有一间漂亮的牙科医院,小蚂蚁是这里唯一的大夫。

一天,小蚂蚁正在树叶上乘凉,忽然传来一阵吼声吓了它一大跳。原来是狮子大王和它的几个随从来了。小蚂蚁急忙恭恭敬敬地迎上去,说:"狮王殿下,您亲自光临本院有何吩咐?"狮王捂着脸说:"本王左边的大牙痛得不得了,特来求诊。"啊!狮王是小蚂蚁的第一个客人,这可是小蚂蚁极大的光荣啊!小蚂蚁忙换上白大褂,戴上放大眼镜。狮王躺在床上,等小蚂蚁来。小蚂蚁好不容易走到狮王的嘴边,只见它嘴里的牙全是黄的,而左边的大牙已经变黑了。小蚂蚁对狮王说:"您的牙已经烂了,必须拔掉。"狮王一听吓得身子都软了,本来想要拒绝,可又想到:"我是狮王,森林之王,怎么能连拔牙都怕呢?"于是就答应了。小蚂蚁吃了一千颗"大力丸"才来给狮王拔牙。拔呀、拔呀、拔呀拔,终于把那颗烂大牙拔出来了。狮王"哎呀"一声吼叫,全森林都震动了。"小蚂蚁你医术太差,弄伤了本王的牙龈,我要把你逐出森林。"就这样,可怜的小蚂蚁被逐出了森林。

不久后,小蚂蚁忧伤地死去了。

选 国 王

张 炜

兔子王国的老国王去世了，今天，所有的兔子都来到了王宫前的广场上，他们要选一位新国王。

兔子们叽叽咕咕议论着："兔王非兔黑黑不可。瞧瞧他，身强体壮，听说兔爷爷还教过他脑……脑什么来着？哦！脑筋急转弯呢！"

"我、我、我看不见得，兔白白也不错、错啊！他、他、他可是我们这里唯一的博士生啊，还、还会念那、那个A、B、C、D来着。"兔灰灰结结巴巴地把话说完了。

正当大家议论纷纷时，大会开始了。主持会议的老兔子大声地宣布候选兔名单："兔黑黑、兔力力、兔白白、兔花花、兔雪儿、兔小山……"老兔子又宣布："这次选兔王大会，将改变比武定胜负的做法，采取民主选举。"

投票选举结果揭晓了，兔黑黑、兔白白同以九九八十一票名列榜首。"这可怎么办？兔王只能有一个呀。"老兔子们商量了一个办法，宣布暂时休会。

正当大会快要复会时，突然，把守山门的小兔左摇右晃地跳了进来："不好了……不好了……狐狸……狐狸来了！"

刹那间，会场上一片混乱，兔子们叫喊着，逃窜着。兔黑黑竖着

耳朵，拼命跳向后山，抢先钻进了地洞。可兔白白却非常镇静，他站在台上指挥兔子们："大的带小的，老的扶弱的，快往后山跳，往地洞里钻，我掩护你们。"说完，他就操起一根棍子往山门口跳去，几只身强力壮的兔子也壮起胆子，跟在他后面。

这时，狐狸已经跑了进来，边跑边喊："别跑，站住，快来填我的肚子吧！"狐狸张牙舞爪地朝兔群扑去，冷不防被跳起来的兔白白打了一棍子，他尖叫着掉头扑向兔白白。兔白白毫无惧色，和狐狸展开了搏斗。突然，那狐狸收起前腿，站了起来，三下五除二拉下了狐狸皮。大家大吃一惊，原来狐狸是老兔子装成的，他已经被兔白白打得鼻青脸肿了……

兔子们又蹦蹦跳跳地回到了会场，主持会议的老兔子郑重地宣布选举结果：兔王是兔白白。他又转向身边的兔白白说："孩子，你是好样的。你不顾个人安危，时时想着大家。我们需要你这样的好兔王。"会场上顿时响起了一阵阵热烈的掌声。

灰灰复仇记

苏小勇

小兔灰灰长大了，她离开了妈妈，决定到外面去闯闯，锻炼自己独立生活的能力。

灰灰来到一座山脚下，山上开满了各色各样的花，灰灰很喜欢这儿，决定在这儿安家。灰灰盖起了一间木头房子，这座木头房子可漂亮哩：红红的板墙，里边还有厨房，房顶上伸出一个白白的小烟囱。

一天，一只狐狸从这里路过，看见了这座木头房子和那一大片萝卜，馋得直流口水。狐狸想："这么多萝卜，还有一座木头房子，要是归我该有多好。"狐狸眼珠一转，猛地想出了一个鬼主意。它热情地邀请小兔到家做客。

第二天，狐狸做好了饭菜，摆好了醉人的酒等着灰灰。

灰灰真的来了，她穿得漂漂亮亮，还带了两个大萝卜当礼物！

狐狸给灰灰喝了许多酒，过了一会儿，灰灰就醉得不省人事了。

狐狸见时机已到，赶紧把灰灰扔进了河里。

谁知，灰灰并没有被淹死。原来，那天鸭妈妈正在水中带领小鸭子们玩，忽然听见"咕咚"一声，鸭妈妈游过去一看，只见水中有只小灰兔，鸭妈妈忙把她救了上来。

灰灰这时候才看清狐狸的真面目，她决心报仇。鸭妈妈非常赞成，并且帮灰灰出了一个好主意。

第二天，狐狸正在灰灰的家里津津有味地吃着萝卜，忽然看见灰灰推门走了进来，他吃了一惊。

灰灰说："你好呀，狐狸先生。我真感谢你把我丢进了河里，河里太好玩了。"

狐狸好奇地问："到底怎么好玩呢？"

灰灰说："我到了河底，游了龙宫，龙王给了我好多好吃的东西，还有许多金子做的玩具，龙王还叫我在那儿住下来，那是一座金碧辉煌的宫殿。我想，我得回来感谢你才是。"

狐狸羡慕地说："你也把我推下水去吧，让我也看看龙宫是个什么样子。"

灰灰装作不大情愿的样子说："好吧，你到了那儿，可别占了我的宫殿呀！"

狐狸高兴地说："那当然啦。"

他们一起来到了河边，灰灰一下把狐狸推下水去，狐狸叫了一声，就沉下去了，永远也上不来了。

以后，灰灰就在小房子里安安稳稳地过日子了。

猪老板的秘诀

韩东伟

山羊本来是一位老师，可是他看到别人做生意赚钱，生活富裕了，有些眼馋。他决定"下海"经商——在市场里卖水果。

许多学生听说了这件事，都跑来找山羊老师买东西。大家本来是想照顾一下老师，可谁知山羊老师却因为是熟人，不好意思要高价，全部以批发价出售。虽然水果都卖完了，忙了一上午，却一个钱都没赚到。

第二天，山羊老师又来到市场，可今天很奇怪，在街上吆喝了一天，顾客们来问一问价钱就走了。原来，他卖的苹果是六角钱一斤，而他的同伴只卖五角钱。可是，进货价就是五角，这不是要吃亏吗？

山羊老师向猪老板请教卖水果的经验。猪老板神秘地说："你要聪明一点儿，就有大钱赚了。我们虽然批的是五角钱一斤，我们卖的也是五角钱一斤，可称的时候缺斤少两，一斤里面扣这么二两三两是没事的。有时换小秤砣，十斤能扣二三斤，这不是钱吗？如果遇到熟人、谈恋爱的，你更可以扣斤两，提价钱，他们是不好意思计较的。但遇到大干部，就不能这么做，否则会惹祸的。"山羊老师听了恍然大悟:"原来是这么一回事,这不是坑害顾客吗?"伙伴们听了,都笑他是个大傻瓜。

山羊老师回到家里想:原来卖东西也有"经验",但这个"经验"我可不能学!

于是,第二天早上,动物学校里又传来山羊老师讲课的洪亮声音。

书中自有黄金屋

宋慧文

"最近市场不景气,股票如瀑布一样,飞流直下。"一只公老鼠抱怨着。母老鼠说:"我听人类讲'书中自有黄金屋',如果我们去人类的书柜里找一找,说不定能找到黄金。那我们可就发财了!"公老鼠点了点头。

夜深人静,两只老鼠窜进了书柜。公老鼠用力地拔出一本书说:"就从这本书开始吧!"于是,两只老鼠啃了起来。

啃了许久,母老鼠问:"这么多的书,我们要啃到什么时候才能找到?""你听过'愚公移山'的故事吗?再说,黄金是硬的,如果我们啃到了,牙齿一定会疼的。"公老鼠自信地解释着。

天快亮了,主人发现老鼠啃坏了许多书,于是布下了天罗地网。老鼠还没找到黄金就被一张大网罩住了,接着又挨了当头一棒。公老鼠眼冒金星,大叫一声:"我见到黄金屋啦!"

我的"老爷笔"

苏勃瑞

我有一支钢笔,那是妈妈送给我的生日礼物,它,就是我最喜欢的"老爷笔"。

那是我最好用的一支笔,可现在,它已经坏了。

曾经每天我都带着它,在考试时,我用它创造了多个满分。当别人忙着换笔时,我书写流畅;当别人书写流畅时,我已答完卷,并上交给老师了。

它被我们班力气最大的人摔过,被我们班最暴力的人踩过,被我们班最可恨的人用小刀划过……可是,它从来没有向困难低过头,摔坏了,修好再写;踩裂了,粘好再写。它的身上有无数伤痕,可它从不屈服。直到有一天……

当我拿出老爷笔准备写作业时,有一个同学说:"呦,又拿出了古董啊,这么老的东西,应该放到家里啊!不过既然拿来了,就让我看看。"说罢,他想从我手中夺去,可我不同意,他就硬抢。"啪"的一声,我的老爷笔被拦腰折断,彻底坏了,再也修不好了……

后来,我又反复修补,可还是无济于事。

虽然它坏了,可是我永远忘不了它,它现在还在我的笔袋里,它永远是我最珍惜、最宝贵、我最喜欢的老爷笔!

我的钢笔

岳 齐

我有一支小巧玲珑的钢笔,只要提到它,我就得夸夸它,因为它不仅外表美,而且还很实用。

我的钢笔长不过三寸。它全身上下大部分是深蓝色的,就像夏天的夜空,上面的图案是三只活泼可爱的现代卡通仙狗。它们三个姿态各不相同,都显得很酷。你看它们有的穿着军装,拿着望远镜,就像在寻找目标;有的穿着溜冰鞋,就像一名优秀的溜冰运动员在翩翩起舞。这就是我的钢笔的外表。

别的同学的钢笔虽然外表美,但有的却不实用,经常到紧急关头时耍"小姐脾气",使它的主人怎么写也写不出字来。而我的钢笔就不同了,已经用了几年了,还像刚买时那么好用。每当我需要它时,它像明白了什么似的,立刻能在纸上沙沙地写出一笔好字来。每当我得到了"优",我首先想到的是它,感谢的也是它。

这就是我的钢笔,一支既美观又实用的好钢笔。

珍贵的礼物

牛 晨

在我九岁生日那天，爸爸送给我一个礼物，那是我收到的最珍贵的礼物。

那是一个红颜色的盒子，我小心翼翼地打开它，里面是一块正方体的水晶。我拿出来一看，水晶里面还有一个月牙儿，月牙儿上坐着一个十七八岁的姑娘。姑娘一手扶着月亮，一手拿着鲜花，头微微向下倾，凝视着手里的那束鲜花。在姑娘和月亮的周围围着一群星星，向她眨着眼睛。我想，她应该叫作"月亮女神"。每当太阳照在月亮女神身上，里面的月亮、女神、星星就闪闪发光。而当太阳西下，把余晖洒在女神身上时，她又显得楚楚动人。到了晚上，灯光照在月亮女神上，又别是一番景致。月亮女神的一角是制作人员专门切去的，好让这块水晶能稳稳地站住。当有太阳的时候，你拿起月亮女神，把切去的那一角对着你的水平视线上下移动，就可以看见太阳的七色光芒。

月亮女神不管在什么时候，都是那样美丽，那样有魅力。

老 古 董

董 良

　　我们家有个老古董,它就是挂钟,妈妈说它到我家安家的时候还没有我呢。它挂在洁白的墙上,每天嘀嘀嗒嗒地唱着歌。以前它"年轻"的时候,脚步很快,时间也很准,它对我们很忠实;而现在它"老"了,脚步慢了,总是误事。但妈妈仍舍不得让它"退休",它也就依然在我家墙上唱着它慢节拍的歌。

　　老古董仍然慢慢地走着,但我却没有慢。我有我自己的小手表,我要做时间的小主人,合理安排自己的学习和课余活动,勤奋努力,奋起直追,超过那些比我优秀的同学。

补碗的故事

孙起杭

每当妈妈洗碗的时候，看着那带有伤痕的碗，我都会在一旁偷偷窃笑。

事情是这样的。有一天，我和妈妈吃完饭后，妈妈叫我把碗端到厨房，可是一不小心，我手打滑了，把碗给掉在了地上，碗摔了个大口子。妈妈听到声音，问道："怎么啦？"我慌张地说："没，没什么。"妈妈说："没事就好。"可我却急得像热锅上的蚂蚁，一直在想着应该怎么做妈妈才不会批评我。"有了，不如把碗用胶带粘起来吧！"想到这里，我赶紧把胶带拿来，在碗上缠了许多许多胶带，大功告成。望着我的杰作，我的心里平静了下来。"赶紧把碗拿过来呀！"妈妈的声音又传来，我赶紧把碗端到了厨房，妈妈没注意，我躲过了一劫。

可到了晚上，我的心里有点儿不舒服了，我的眼前出现了白天使和黑天使。白天使说："告诉妈妈吧，说不定妈妈会原谅你的。"黑天使说："如果告诉妈妈，妈妈会骂你的。"最终，白天使打败了黑天使。我走到妈妈身边，对妈妈说："妈妈，我今天打碎了碗，用胶带把碗缠了起来，妈妈对不起，请原谅我。"妈妈笑着说："没事，孩子，以后如果做错事，一定要主动告诉妈妈，妈妈会原谅你的。"

通过这件事情,我知道了,做了坏事并不可怕,只要你主动承认错误,改正错误,就是好孩子。

洗　书

张泽玮

我在上幼儿园时曾做过一件傻事,就是洗书。

一天上午,我坐在沙发上,一边吃冰激凌,一边看书。正当我看得入迷时,手里的冰激凌融化了,一不小心浓浓的巧克力奶油印在了我的书上,我怎么会这么不小心。我抬头看了一下钟表,天哪!还有三十分钟妈妈就回来了,我抱住头想应该怎么办呢?

突然,我的脑海里闪现出了一个画面。记得,妈妈常把脏衣服放在水里洗,一边洗一边搓,不一会儿,衣服就干净了。要不然我把书也洗干净,说不定妈妈还会夸赞我呢。

说干就干,我盛了一盆水,把被污染的书和搓衣板放了进去,又倒了很多洗衣粉,不一会儿,水就变成乌黑的了。我一边搓,一边嘴里还哼唱着:"洗刷刷,洗刷刷,洗刷刷……"

我边洗边看,发现有一部分纸破开了。我抓出了一张纸,妈呀!书被水打成了"小淘气",跑来跑去,成了一团糊糊。我顿时愣住了!

后来,妈妈下班回来了,她看到已经成了一盆糊糊的新书和坐在小板凳上委屈的我,哭笑不得。我把事情的原委告诉了妈妈,她笑得

前仰后合，捂着肚子，眼泪都流了出来。

我也破涕为笑。那时的我，真傻。

擦 皮 鞋

田 振

今天吃过晚饭，爸爸一边看电视，一边擦起了他的皮鞋。我好奇地走过去，跟爸爸学起了擦皮鞋的技术。

只见爸爸先用毛刷蘸着清洁水，清除鞋帮和鞋跟的尘污，再用抹布擦干。随后用大鞋刷两手同时交叉往复地将鞋面和鞋帮清理得干干净净，再往鞋面挤上鞋油，接着在鞋面和鞋帮上反复地涂擦均匀。涂擦过后，又用布和刷反反复复摩擦。这样的工序至少要三次。在飞快的交叉式的摩擦中，鞋已经锃明瓦亮。接下来，还要用细布、纱布、绒布抛光。

爸爸的神情是那样专注，不放过任何一个微小的细节，擦皮鞋的动作是那样娴熟，那样专业。不一会儿，那皮鞋变得焕然一新，锃亮锃亮的。

擦皮鞋，看似简单的事情，可要做好，也并不简单。

绝望的狮子

　　我望着昏沉沉的天空，天上没有一丝阳光——似乎很久没有阳光了，我绝望地闭上眼睛。我这才明白为什么我的兄弟姐妹会死亡，也明白了为什么来的路上看不到一只动物，我什么都明白了——这一切都是人类的"杰作"。

爱哭的妹妹

杨元璐

我的妹妹今年四岁,她有一个特长——哭,动不动就会"狂风大作,暴雨如注"。

这天,刚从学校回来的我,饿极了,正好看见桌上有一块面包,便拿起来几口吃了下去。谁知,妹妹从卧室出来看到这情形,刚才还嘻嘻哈哈的脸马上变形了。只见她大嘴一张,眼睛一闭——不好!"大雨"又下了起来,吓得我连忙去劝说。这时,妈妈一阵风跑来了,指着我一顿臭骂。真是哑巴吃黄连——有苦说不出。谁叫我这么倒霉,吃了爱哭鬼的面包呢!

一天早晨,妈妈去洗菜做饭,她跟在妈妈屁股后头,咿咿呀呀地玩着。妈妈一个转身,不小心碰倒了爱哭鬼,这下可好,轰隆隆的"雷声"马上传了出来,"暴雨"也下了起来。妈妈抱着她又是跳又是叫,怎么都哄不好。后来,妈妈给了她两元钱,爱哭鬼一下就不哭了,还开心地笑了起来。

虽然妹妹爱哭,给我们添了许多麻烦,但也给我们家添了几分热闹。我的爱哭鬼小妹,以后能不能少哭一点儿呢?

小 石 头

冀立庭

我有一个小表弟,他叫小石头,今年十岁,他只比我小三个月。我们经常在一起吃饭、玩游戏、看电影……

小石头长得比我矮一点儿,眉毛浓浓的,眼睛虽然不大,但很有神。他最喜欢穿绿色的运动服、蓝色的牛仔裤、黄色的运动鞋,显得很神气。

小石头很好强,无论是学习还是体育活动,做什么事都非常认真,甚至有些较劲,不达目的不罢休,所以大家才叫他小石头。

记得有一次,爸爸教我俩学骑自行车,刚开始时小石头有些害怕,死抓着车把,眼睛只敢盯着车子,骑得东倒西歪。自行车在他手里就像一个顽皮的孩子,想让车往东,却偏往西。小石头越紧张,车子越骑不好,只见他车头一歪,车子一偏,人就重重地摔倒在地。但小石头却没有哭,他立刻爬起来,揉揉摔疼的地方,拍拍身上的灰,扶起车子,又骑了起来。整整一下午,他不知摔了多少次,始终是摔倒了爬起来。腿上、胳膊上,摔得青红紫绿的,也不在意。最后,他很快就学会了骑自行车,而我,一直到现在都没学会。

与小石头相比,我觉得很惭愧。我要向小石头学习,学习他那种永不言弃、永不服输的精神。

小 叶 子

冯逸然

今年暑假，舅舅家的女儿来我家住了一段时间，她叫小叶子，今年才四岁。

小叶子长着一双水灵灵的大眼睛，小鼻子微微翘着，下面有一张红艳艳的樱桃小嘴。叶子的头发虽然很短，但她却总让妈妈给她梳朝天辫。叶子不算太漂亮，却让人觉得非常可爱。

说起来挺有趣，叶子靠头发来辨认、称呼我们。我和姐姐一个梳着长辫子、一个留短发。刚一见面，叶子就给我们俩取好了名字："长辫子姐姐，没辫子姐姐……"

叶子不仅活泼可爱，而且特别聪明。一天晚上，她不睡觉，一定要跟我们一起玩。为了让她早点儿睡觉，我出了一个主意："小叶子，我给你出十道数学题，如果你都做对了，就能和我们玩，行吗？"叶子满口答应。没想到，不出五分钟，她就把这些题准确无误地解答出来了，唉，没办法，只能让她和我们一起玩了。

时间一眨眼就过去了，舅舅来接小叶子回家了。准备上车时，小叶子"哇哇"地哭了起来，拿什么东西逗她都没用。原来，叶子不舍得我们，还想跟我们一起玩。

现在，我常看小叶子的照片，我好想她。

可爱的妹妹

马菁谣

我有一个可爱的妹妹,有多可爱呢?就让我来给你说说吧!

妹妹的名字叫希希,她的外表特别可爱,一双大眼睛像黑宝石一样闪闪发光,樱桃小嘴噘起来,俏皮可爱,让人无法用语言来形容。希希最喜欢穿裙子,穿上小裙子特别引人注目,裙子两边镶着花纹,白纱披下来,在阳光的照射下,显得特别美丽。

有一次,我和希希在公园里玩耍,她采起一朵花,插在头上。接着又做了一个花环,戴在自己的脖子上。远远望去,她浑身上下都是花朵,简直可以扮演小花人了。我对她说:"希希,你别臭美了。"希希却笑呵呵地说:"我特别美丽呀!我真美呀!"我看着她,偷偷地笑了。你瞧,她有趣不?

这就是我的妹妹——希希,她陪伴着我,和我一起成长。

我家的宝贝

刘 涛

前几个月，爸爸带回来一只可爱的哈巴狗。我们叫它"贝贝"，它是我们全家的宝贝。

贝贝全身长满了雪白的毛，两只毛茸茸的耳朵，老是往下耷拉着；一双乌黑透亮的大眼睛，瞪得像玻璃球似的；一个又圆又黑的鼻子，总喜欢嗅来嗅去。别看贝贝四条腿又短又细，跑起来却像箭似的。我可喜欢它了。

可是不幸的事情发生了。今天，调皮的贝贝不小心把表妹的手咬伤了，全家人急得团团转。舅舅对我说："苗苗，狗咬了人，人可能会得狂犬病。我们还是赶快把狗送走吧！"我听了，鼻子一酸，眼泪在眼眶里直打转。我蹲下身子，把贝贝紧紧地抱在怀里，用手抚摸着它的头说："贝贝，我知道你不是故意的．但我实在是没办法呀。我真舍不得离开你啊！"贝贝似乎听懂了我的话，眼睁睁地看着我，好像在对我说："小主人，我以后再也不咬人了，留下我吧！"

我向妈妈提出了一个要求，能不能让我和贝贝一起合几张影留个纪念呢？妈妈同意了。照片拍好了，可是，贝贝头上的毛都被我的泪水弄湿了。

贝贝就这样被送走了，它走后，我感到烦躁不安，一个人总偷偷

地落泪……

花　花

梁　健

　　我家所在的小区里有好几只流浪猫，我经常拿家里的剩饭喂它们，慢慢的，我们成了好朋友。

　　这群猫的首领是一只肥肥的、黑白相间的花猫。它的身体圆圆的，像饭团一样可爱，我给它取了个名字叫花花。花花的毛光光的、亮亮的，摸上去很光滑。它有着一双灰绿色的眼睛，两只小巧的耳朵总是竖得高高的。

　　第一次见到花花的时候，它正在桂花树下，悠闲地端坐在自己的后腿上，尾巴在前爪附近甩来甩去，似乎陶醉在桂花幽幽的香气之中。过了一会儿，它伸伸前腿，伸伸后腿，舒展了一下自己的筋骨，然后便很气派地慢慢踱上楼梯的台阶，坐在那里开始洗起澡来。它伸出前爪，用舌头舔湿，再用爪子一下一下地洗自己的脸，似乎要将脸上的污渍全部擦洗干净。洗完了脸，它好像还不满意，又开始洗起身子来。它转过头，用舌头小心翼翼地舔自己的皮毛，直到每一根毛发都在阳光下闪闪发光。它洗得那么彻底，最后还张开掌心，把趾间都舔了一遍。随后，便在太阳底下心满意足地躺了下来，很快便睡着了。

　　我买了些猫粮，试着接近它。一开始的时候，我放下猫粮，它都

不敢跑过来吃，看到我走了，它才敢偷偷地接近食物，一边吃，一边还警觉地环顾着四周。只要有一丝风吹草动，它都会瞬间逃走。后来常常见到我以后，花花好像也不那么害怕了。见到我，还会"喵喵"地叫唤，跟在我身边，似乎是在问我要东西吃。看到食物，它会毫不客气地品尝。我试着摸它的头，从它的眼神里，我看到了信任。熟了以后，我会抱起它，放到自己的膝盖上，抚摸着它的后背——从脑袋一直到尾巴。而花花似乎也很享受这种抚摸，每被抚摸一下，它都会发出一声欢快的叫声。我那时真是高兴，我们终于变成好朋友了。

我很喜欢花花，它带给我很多快乐！

小　灯　泡

王　嘉

爷爷家养着一条金鱼，它全身红彤彤的，一条长长的尾巴不停地摇来摇去，一双大大的眼睛鼓鼓地长在头上，好像两只电灯泡，于是，我给它取了个名字——小灯泡。

我每天都给小灯泡喂食换水，可它呢，一点儿都不爱搭理我。有一天，我放学到家，准备写作业。可是我刚进门，就看到小灯泡正兴奋地游来游去。我把脸凑到鱼缸壁上，想看看小灯泡在高兴什么，平时不怎么理我的小灯泡也一反常态，把嘴巴紧紧地贴在鱼缸壁上，温柔地看着我，好像在说："小主人，你可回来了，我想你了！"我一高兴，就趴在鱼缸边，和小灯泡说起了学校的趣事。不知不觉，爸爸妈妈下班回家了，发现我一点儿作业都没写，还在跟小灯泡玩，生气地骂了我一顿。虽然挨骂了，可是我还是很开心，因为我终于和小灯泡成了朋友。

小灯泡还特别会安慰人。一次考试，我没考好，小灯泡游到我面前，一动不动看着我，好像一位心理学博士在仔细听我分析，它时不时摇动下尾巴，好像在说："没有关系，努力就好，继续努力。"

谢谢你，小灯泡。我会永远爱你的。

我的大白

程建强

"小白兔，白又白，两只耳朵竖起来……"每当听到这首歌，我就想起我的小伙伴——大白。

大白是一只兔子，浑身雪白，两只红彤彤的大眼睛，宛如两颗红玛瑙，闪烁着迷人的光芒。大白特别挑食，它只爱吃胡萝卜，一天三顿都不厌烦，哪一顿要是给它换成白菜，它上去闻一闻，掉头就走开了。

大白不像别的兔子那么温顺。有一次，大白正在啃胡萝卜，我调皮地把胡萝卜抢走了，大白一下子拉下了脸，嘴里发出"咕噜咕噜"的声音，好像在对我表示抗议！大白是我的开心果，每当我考试不顺利或是被骂时，它总是跳到我的面前，蹭蹭我的小鞋子，摇摇它的短尾巴。看它那憨厚可掬的样子，我的烦恼瞬间就跑到九霄云外去了。

大白是我童年最好的小伙伴，我爱我的大白。

一只狗的自白

赵 严

我是一只狗，一只普普通通的狗。虽说普通，却也有不平凡的故事。

我在一个家境不错的人家长大，无奈主人待我很不好。我所谓的"不好"是说他们没有把我当一只宠物狗，每天只给一点儿馒头和一点儿青菜。

倒是一个小男孩儿对我不赖。那个小男孩儿是主人的孙子，不过他一年只回来一次，因此我的好日子没几天。

我们狗的嗅觉很好，经常有人依靠我们的嗅觉追捕坏人，这是我们狗家族的骄傲和荣耀。

每当我嗅到不熟悉气味的陌生人，总是本能地狂叫，为的是防止盗贼。一次，一个贼翻墙而入，他把一块肉扔给了我，但我没有接受，反而冲上去撕咬他，直到主人起床，把贼逮住。为此，主人大大地奖赏了我一番，封我为"保卫科长"，我的心里美滋滋的。我为自己能在关键时刻一展身手而感到自豪。

人们常拿"狗"这个字来组词，而且都是贬义词，比如狗急跳墙、狗仗人势、狗改不了吃屎等。我不知道别的狗感觉如何，反正我非常气愤，我们狗家族的名声全都被人类弄臭了。

唉,做狗也难呀!

小 白

梁子龙

我家养着一只仓鼠,我给它取名叫小白。它有一身雪白的毛,一双红红的小眼睛,像两颗小小的红玛瑙,可爱极了。

小白每天无所事事、无忧无虑,除了吃就是睡。你只要给它喜欢吃的东西,它就会跑过来吃;如果你给它不喜欢吃的东西,它也会跑过来,只不过它嗅一嗅,知道这是它不喜欢的东西,它才不情愿地跑走了。

小白很爱干净,最喜欢洗澡,有时一天会洗好几次。不过你们可别误会,小白洗澡不用水,因为它最怕水了,它是在木屑里洗澡——钻一钻、滚一滚,就洗好啦!

吃饱喝足以后,小白喜欢玩滑梯。当然,它的滑梯就在笼子里,它可不会闲着没事干,今天玩够了滑梯,明天就去玩套圈,反正总有它玩的,你就不用担心了。它玩的套圈呀,技术真是高超,我们玩不了的,它还能玩。它给我表演了独立站在套圈上面的动作,然后又嗖地一下跳到滑梯上,又从滑梯蹦到了套圈的底下。

不过,小白有时候也很调皮。有一次,我帮它换洗澡用的木屑,它看见笼子门开了,一下就跑了出去。还好我眼疾手快,一下抓住了它。我要把它放回笼子里,可它拼命挣扎,说什么也不回去。后来,我拿来它最喜欢吃的花生放进笼子，它才乖乖跑回去。

哈哈，小白真是一只又懒又馋的小可爱啊。

可爱的小鸟

董俊江

外公养了一只鹦鹉，聪明极了。它会说好多话，那怪怪的腔调每次都把我逗得哈哈大笑。

有一次，我站在鹦鹉面前教它说话。"你好，你好！"谁知这家伙根本不理我，一点儿都不听话。我拿来一片菜叶子逗它，它居然冒出来一句："讨厌，讨厌！"笑死我了。

它在外公面前最乖了，特别会显摆。有一天放学，我刚进家，还没来得及和外公打招呼，鹦鹉就先跟我打招呼了："欢迎，欢迎！"它一叫，外公就乐得合不拢嘴，一直夸它聪明。可是如果外公不在，它可就懒得理我了。

虽然它不太愿意理我，可我知道它很聪明，所以什么话都愿意跟它说。伤心时，我会找它诉诉苦；高兴时，说说校园趣事。这小家伙虽然不跟我说话，不过却是一个好听众，它总是一本正经地盯着我看，一点儿都不嫌我烦。

它是我的好朋友，给我带来了无穷的欢乐。

鲸的自述

阎依彤

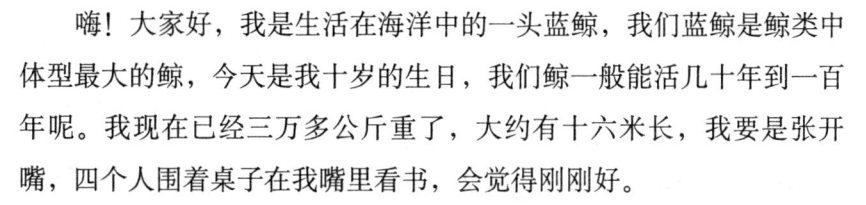

嗨！大家好，我是生活在海洋中的一头蓝鲸，我们蓝鲸是鲸类中体型最大的鲸，今天是我十岁的生日，我们鲸一般能活几十年到一百年呢。我现在已经三万多公斤重了，大约有十六米长，我要是张开嘴，四个人围着桌子在我嘴里看书，会觉得刚刚好。

我们鲸生活在海洋里，因为长得像鱼，许多人都叫我们鲸鱼，但是我们不是鱼类，我们是哺乳动物。说我是哺乳动物，我可是有理由的。

我们祖先和牛羊的祖先一样，都生活在陆地上，但环境发生了变化，经过了很长很长的时间，我们的前肢和尾巴渐渐变成了鳍，后肢完全退化了，整个身子成了鱼的样子，适应了海洋的生活。

我们和牛羊一样用肺呼吸，我的鼻孔长在脑袋上，呼气的时候浮出海面，从鼻孔喷出来的气会形成一股水柱，我喷出来的水柱是垂直的，又细又高。

我们鲸都是胎生的，刚出生的幼鲸靠吃母鲸的奶长大，这都说明我们不是鱼类。可是我们鲸的繁殖能力很差，平均每头母鲸两年才能产下一头幼鲸。由于人类的捕杀和海洋环境被污染，我们鲸的数量在急剧减少，比如蓝鲸，我们在二十世纪有近三十六万头被杀戮。

我也有这样的经历，在人们捕杀我的时候，幸好我游得快，但在游的过程中，我受伤了，我很害怕，难道在地球上生活了五千多万年的我们，就要灭绝了吗？

绝望的狮子

陆丽华

我太饿了，已经五天没吃东西了，再这样下去，我一定会饿死的。但我不能死，因为我是地球上最后一只狮子，我的家族在地球上繁衍了这么多年，今天竟面临着灭绝的威胁！我一定要活下去。

森林里找不到一只动物，连蚂蚁也没有。我有些恼火，本打算到城里之前在路上先找点儿东西垫垫肚子，现在连这个希望也破灭了。唉，只好到城里再说了。

终于来到城内。我看见了人，许许多多人，脚挨着脚，在大街上一步一步地挪动着。我太高兴了，今天我至少要吃五个人！我别无选择，因为除了我，现在人类是地球上唯一的生物。

我伸长脖子，长啸一声，提醒那些人做好献身的准备。街上的人惊异地转过头来，看见了我。我本以为他们会尖叫，会丢掉东西四散逃跑——因为自古以来就是这样。但我错了，他们血红的眼睛里分明是惊喜，然后又变得贪婪，接着我听到一阵令我不寒而栗的笑声。

"哈，有一只狮子！"

"是啊，很久没吃到狮子肉了。"

"上！抓住那只狮子！"

他们拿出枪、刀，还有绳子，不顾一切地向我逼近。我这才意识到自己的危险，扭头往城外跑，但一切都太晚了。

我被他们抬着向前走，我望着昏沉沉的天空，天上没有一丝阳光——似乎很久没有阳光了，我绝望地闭上眼睛。我这才明白为什么我的兄弟姐妹会死亡，也明白了为什么来的路上看不到一只动物，我什么都明白了——这一切都是人类的"杰作"。

我感到悲哀，地球上最后一只狮子也即将消失。我们狮子也灭绝了，这意味着地球上的所有动物都灭绝了。那么，下一个会是谁呢？

回归自然

郭 悦

鸟宝宝和鸟妈妈出来飞翔，一不留神，鸟宝宝差点儿掉到了地上，幸好鸟妈妈抱住了它。

鸟宝宝问鸟妈妈："这是怎么回事？"

正在这时，风爷爷过来了，说："鸟宝宝，实在对不起。刚才我只是打了一个哈欠，没想到……"

鸟妈妈说："是呀，宝宝。现在，人们乱砍滥伐实在严重。刚才你的风爷爷只打了一个哈欠，因为没有树木的遮挡，'威力'实在强大。"

青蛙爸爸和青蛙儿子出来散步，青蛙爸爸突然听到人的脚步声，拉着青蛙儿子就跑。

青蛙儿子莫名其妙地问："爸爸，我们为什么要跑？我们要到哪里去？"

青蛙爸爸说："人类正在大量捕杀我们，见到人类，我们一定要跑，跑到安全的地方。"

青蛙儿子说："怎么会呢？人们正在保护我们，怎么会捕杀我们呢？"

青蛙爸爸说："虽然大多数人在保护我们，但还有一些非法分子在做违法的事——捕杀我们。"

青蛙儿子说："哦，那我们快逃吧！"

动物园里有一只雄老虎和一只雌老虎，它们过着无忧无虑的生活。

有一天，雄老虎对雌老虎说："亲爱的，我最近的食欲总是不好，什么也吃不下去，真想回到大森林中。"

雌老虎说："知足吧。像你这样英俊潇洒、身价又高的主儿，要是在大森林里，早被猎人捕捉了，怎能像现在这样衣食无忧呢？"

雄老虎说："但我们失去了自由啊！自由可是这个世界上最最珍贵的东西呀！"

亲爱的朋友们，听了上面的对话，您是不是很寒心？它们本来有着自己的生活方式，有着自己的追求，但仅仅因为小部分人的无知和对法律的无视，造成了大自然与动物界的悲哀。朋友们，让我们从现在开始，让一切回归自然吧！

被捡走的吉利话

钟碧君

大象公公六十岁了,小熊要去祝寿。熊妈妈说:"去了要说吉利话。"小熊问:"什么是吉利话?"熊妈妈告诉他:"应该说'祝大象公公寿比南山,永远不老',记住了吗?"小熊说:"记住了!"

小熊出门后,一不留神掉进了小河里。等他湿淋淋地爬上岸时,妈妈教的吉利话怎么也记不起来了。

"吉利话一定掉进了小河啦。"他边想边说。于是他在水里来回地摸。一只小猴子过来问:"你摸什么呀?我和你一起摸吧。"小猴和小熊在小溪里摸来摸去。小猴说:"水里什么也没有呀!小熊,天不早了,我们快给大象公公祝寿去吧!"

他们来到了大象公公家。小熊见了大象公公,愣在那儿不知说什么好。小猴鞠了一躬,说:"祝大象公公寿比南山,永远不老!"大象公公听了很高兴,请小猴吃了一大块蛋糕。小熊一听生气了,一把抓住小猴说:"好哇!原来我掉进小河里的吉利话被你捡走了!"

教　养

薛晶晶

一只平时没有教养的小狗，可他偏和一只有教养的小猫做邻居。过年了，小猫请小狗到她家去做客。

第二天早晨，小狗开门一看，哟！原来昨晚下了一夜大雪。山川、河流、田野、树木、房屋全变白了，树上、房檐上挂满了亮晶晶的冰条，小动物们都在欢蹦乱跳地堆雪人、打雪仗……小狗突然想起要到小猫家做客，于是他飞快地往小猫家跑去。一路上，他雪球乱扔，一直扔到小猫家门口。

小狗敲敲门，小猫赶快把门打开。小狗向小猫挤挤眼睛，笑眯眯地对小猫说："你的衣领真漂亮，让我看看。""是吗？你看吧！"小猫把头一低，小狗赶快把雪球塞进小猫的领子里。"呀！冷死了！冷死了！"小猫背上的雪球冻得她发起抖来，嘴唇也发白了。小狗却笑得前仰后合。

到了小猫家的客厅里，没等小猫请他坐下，他双腿一蹬，"呼"地跳上雪白的沙发，留下了一串乌黑的"梅花"印。"快拿点儿饮料来！"小狗开口讨吃的了。小猫泡了一杯龙井茶，双手递到小狗面前，说："这是上等的龙井茶，请！"小狗喝了一口，摇摇头说："龙井茶没味儿，还是弄几瓶可乐和雪碧喝吧！"小猫奇怪地问：

"这么冷的天气，你还要喝冷饮？"小狗却说："我才不怕，我的肚子好得很！"小猫只好拿了几瓶给小狗，然后转身到厨房里去烧菜了。

小狗喝完了饮料，又去吃桌子上摆着的糖果点心。吃完以后，他又打开冰箱门，嗬！冰箱里吃的东西可多啦！小狗随手拿起几块排骨嚼起来。过了一会儿，他干脆躲进冰箱里狂吃起来。"咔嚓"一声，冰箱门自动关上了，小狗怎么也打不开门。这下可惨啦，小狗在里面冻得不停地打哆嗦。

"吃饭啰！吃饭啰！"小猫烧好饭菜叫客人用餐。可是，奇怪，小猫找来找去，也不见小狗的身影。忽然，小猫听见冰箱里有轻微的声音，打开门一看，呀！小狗冻得全身是冰霜，简直成了"冻狗肉"了。小猫忙把小狗背到阳台上晒太阳，再用温水浇到小狗身上。好一会儿，小狗总算能动弹了。

冻得奄奄一息的小狗面对桌子上丰盛的饭菜再也不想吃了。小猫只好用三轮车把小狗送进动物医院。

一个月后，小狗出院了。一进门就看到了一包邮件，打开一看，原来是本书《教养与人际关系》，封面上写着作者名字"小猫"，扉页上写着"赠小狗"。

学 上 网

马博涛

小猪嘟嘟近来总是听同学们说上网，可羡慕了，也想去学。

一天，嘟嘟做完作业，准备出门去小兔丁丁家学习上网。一开门，就碰到狐狸高高。"你去哪里呀？"高高问。"我去丁丁家学上网。"高高眼珠子一转，凑到小猪耳朵边说："告诉你，蜘蛛家就能上网，又近又方便。"

第二天，嘟嘟没来上课。老师和同学们都很着急，只有高高捂着嘴笑："他去上网了。"班长菲菲疑惑地问："他家不是没有电脑吗？""蜘蛛家有啊……"高高连忙捂住嘴巴。"什么？"菲菲气愤地向蜘蛛家赶去，只见一只凶猛的蜘蛛正咬着嘟嘟的裤腿，嘟嘟吓得哇哇大哭。菲菲冲上去，把嘟嘟救了出来。

回来后，高高问嘟嘟："上'网'舒服吗？"嘟嘟笑着说："舒服极了，还是免费的呢！"高高听了半信半疑，心想，可不能让他占了便宜。等高高再次来到学校的时候，嘟嘟对他挤挤眼："上'网'开心吗？"高高惭愧地低下头："对不起……"大家原谅了高高，他们又在一起快乐地学习了。

上网，是件开心的事。但如果上错了"网"，可就没那么有趣了。

狐假虎威后传

吴 凯

上一次，狐狸狐假虎威，吓跑了众兽，老虎知道上了狐狸的当，败坏了自己的名声，便发誓总有一天要抓住狐狸吃掉它。

一日，老虎和狐狸狭路相逢，老虎瓮声瓮气地说："狐狸，这回我抓住了你，你没话说了吧？"狐狸知道自己靠硬拼逃不了，再来一次"狐假虎威"老虎肯定不吃这一套了，于是眼珠一转，计上心来。狐狸做出一副不服气的样子说："老虎，你这次抓住我，也不算你的本事，因为我正在找食，没发现你，如果我发现你，准能跑掉。"

老虎听了，很不高兴地说："什么，你能跑过我？""那当然啦，我以前当过长跑冠军，就连大袋鼠都逊我一筹呢！"

"既然这样，我们赛跑吧。从这个山头跑到那个山头，你得胜，我就不吃你，如果你败了，嘿嘿，就对不起了！"

于是，老虎和狐狸开始赛跑了。老虎为了证明自己的速度，像离弦的箭一样跑得飞快，连脸都涨红了。狐狸却故意跑得很慢，等老虎跑远了，狐狸一溜烟跑进了树林。

等到老虎发现上当的时候，早已没有狐狸的影子了。

美丽的小海龟

郭文清

小海龟托托长得难看极了，全身灰灰的，连背上的壳都长得不圆！不用说，爸爸妈妈、哥哥姐姐、弟弟妹妹全都不喜欢他，就连海里的丑八怪鱼都敢笑话托托。托托只好缩着脖子，游到一个很远很远的地方去。

有一天，海风发起大脾气来，他用力推着海浪往礁石上扔去。小托托被卷在海浪里，"啪"的一声，狠狠地摔在大石头上。

海风发够了脾气，回海底睡觉去了。

小海龟托托迷迷糊糊地揉揉眼睛："啊？我背上的壳摔碎啦！本来我就长得难看，这下可怎么办啊？"他光着身子，坐在那儿大哭起来。

哭着哭着，忽然他听到身边还有别的哭声就奇怪地往四周一看——哟，怎么小螃蟹、小海螺、小扇贝也坐在这儿哭呀？托托擦擦眼泪说："你们都长得比我好看，干吗也这么大声哭呢？"

他们三个抬起头来说："我们的壳被摔破了，回家妈妈会生气的。"托托一听，特别伤心："我妈妈不喜欢我，我的壳全碎了也没人为我生气的！"接着，他们四个一块儿哇哇哭起来。

"咱们别哭了，休息一会儿吧。"托托说。

"好吧，"大家全停下来，"咱们玩点儿什么呢？"

托托想想："反正我的壳也全碎了，就送给你们一人一小块，你们的壳不就长好了吗？"说着，就帮他们把壳全补好了。

"谢谢小海龟！"小螃蟹他们特别高兴，一个一个咕咚咕咚地跳回海里去了。

"就剩我自个儿了，还是接着哭吧。"托托觉得挺没意思，就把眼睛闭上哭着玩。

不知过了多久，忽然有个好听的声音在说："小海龟，小海龟，别哭了。"

托托睁开眼睛一看，哟，小螃蟹、小海螺和小扇贝站在面前，还有，还有三个美丽的小人鱼！一个是红色的，一个是蓝色的，还有一个是黄色的，她们全身都闪着亮光。

"小海龟，我们是小螃蟹、小海螺和小扇贝请来帮助你的。他们说你的心特别好，我们愿意替你把壳修好。"

"真的？"托托高兴得连谢谢都不会说了。

三个小人鱼就给托托修壳，拼呀拼呀，原来长得不圆的壳也拼成椭圆形的了，可是，还缺三块，因为送给小螃蟹他们了。小蓝人鱼说："把咱们身上的鳞片送给小海龟吧。"说完，就从尾巴上拔下一片蓝鳞，小红人鱼和小黄人鱼也各从身上拔下一片红鳞和一片黄鳞。她们把三块鳞片往托托的背上一安，呀哈，小海龟的壳完全修好了——椭圆形的，红、蓝、黄三种颜色闪闪发光。

从此以后，托托就成了世界上最美丽的一只小海龟了。

悄悄的雨

雨,悄悄地拂着,它是辛勤的园丁,轻轻地拂过鲜花,吻着花瓣,拂过柳树,洗着树枝,它是多么勤劳。

迷人的星空

郭晓东

晚饭后,我坐在院子里,仰头看那满天繁星。晴朗的夜空中,星光一闪一闪的,我被这密密麻麻的繁星迷住了。

深蓝色的天空中,星光灿烂夺目,真像棋盘上布满的棋子,又像一群可爱而调皮的小孩儿,不时地和我们眨眼睛,有的还跑到老远的地方,好像躲在纱帐里跟我们捉迷藏,使人只能看见一个朦胧的影子。

乍一看,星星显得乱七八糟,但你再仔细看,便会发现这些星星排列得非常有秩序,组成一些有趣的图案。你看,北边天空的猎户座,多像一位猎人,手举木棒,弯腿弓腰,上身前倾,领着凶猛的猎狗在跟金牛打架呢!你再看看金牛座,两只巨大而有力的角,庞大的身躯像座小山,站在那儿,又威武又神气,还真想和天空上的猎户座打几回合呢!还有许许多多有趣的星座,它们把天空打扮得分外美丽。

望着美丽的星星,我想起了奶奶对我说的话:"地上有多少人,天上就有多少星。每个人都有自己的星星。心地善良和对人类有贡献的人的星星亮,坏人的星星却是暗色的。"我不敢确信人和星星有这样的关系。如果有关系,我一定要做一个心地善良对社会有贡献的少先队员,让我那颗星星格外明亮,把亮光无私地献给人间。

悄悄的雨

安 静

雨，悄悄地来了，它是优美的旋律，轻轻地洒在校园里。

雨，悄悄地下着，它是神圣的仙女，轻轻地落在校园里。绿叶上滑过一滴晶莹的水珠，它是多么快乐。

雨，悄悄地飘着，它是调皮的男孩儿，轻轻地打在窗户上，好像想进屋与我们聊天，它是多么淘气。

雨，悄悄地唱着，它是可爱的白鸽，轻轻地飞到国旗上，紧紧地挨着国旗，深情地望着国旗，它是多么纯洁。

雨，悄悄地拂着，它是辛勤的园丁，轻轻地拂过鲜花，吻着花瓣，拂过柳树，洗着树枝，它是多么勤劳。

雨，悄悄地滴着，它是洁白的珍珠，轻轻地跳上我的雨伞，淋湿了没带雨衣的你，让你走到我的伞下，它是多么聪明。

雨，轻轻地淌着，它是浓浓的爱心，轻轻地淌在校园里，淌进了我的心里，它是多么美丽。

迷人的夜

钱 容

夜，静悄悄的，万籁俱寂，一丝凉凉的微风穿过窗户，轻拂着我的脸。

我躺在床上，怎么也睡不着。广袤的天幕上，稀稀落落的几颗星星像害羞似的，时隐时现，窥视着人间。在它们中间，有个银盘似的月亮——一个夏夜十五的月亮。她那圆圆的脸盘上，挂着慈祥、温和的笑容，静静地望着大地，几缕灰色的薄云萦绕在她身旁，宛如仙女舞动绫绡，翩翩起舞。

皎洁的月亮，给大地披上了银白色的纱裙，月光照在那红红的花瓣上，花儿显得更加姣美。月光照在我的床前，地上好像覆盖着一层霜，我不禁想起唐朝大诗人李白的诗："床前明月光，疑是地上霜。"那月光与清凉、带点儿香味的空气交织在一起，使人觉得神清气爽……

我看着、想着，不禁对月光肃然起敬。她默默无闻，总是在黑夜出来，为夜行的人们照明；她正直无私，把自己的全部——如水的月光，贡献给了人类。难道她这种精神不可贵吗？

夜，静静的夜，我望着悬在空中的月亮和映在地上的月光，沉思着……

日夜赞歌

刘清平

一觉醒来，我们送走了一个黑夜，迎来了一个白天。它们总是那样匆匆交替，永不停息。

我赞美白天的辉煌，每每陶醉于这朗朗乾坤之中。尽管那也许意味着工作的压力、学习的重担，但那也同样意味着成功的乐趣。我赞美白天的主宰者——太阳，敬仰他那种君临天下的气概和唯我独尊的伟岸与高大。我知道，为了这种辉煌他正在不断地燃烧自己的生命。

我欣赏黑夜的宁静与安谧，总是在深夜里充满无穷的幻想。夜晚意味着休息，意味着深深的自省，意味着为下一个白天蓄积力量。我热爱黑夜的殉道者——月亮，赞美他对事业的执着，赞美他的不知疲倦，他总是用从太阳那里借来的一点点光明把别人留下的黑夜照亮。

人的一生要走过无数的白天和黑夜，经历无数的起起落落。一个人无论拥有多么灿烂的早晨、多么辉煌的中午，他都会迎来一个无奈的黄昏。一个人可能是一方面的巨人，同时也可能是另一方面的侏儒，这正像地球的一面是白天，而另一面是黑夜一样。白天与黑夜给人们的印象是那样的不同，那样的泾渭分明，其实它们之间的差别只在清晨那一声鸟鸣，或者是黄昏的那一抹晚霞。这正像伟人和普通人的差别一样，也许只在于你是否像太阳那样努力地点燃自己。我欣赏这样一句格言:"人生就是努力,伟大的人都是努力出来的。"

晨 雾

吴怀楠

  清晨,我走到室外,迎面扑来一股清新凉爽的空气。浓重的大雾弥漫在天地之间,眼前的一切都被白茫茫的浓雾裹着,好像从天上降下的一块极厚又极宽大的棉帘,白茫茫的一片。

  雾缓缓移动,绕过白杨,飘进竹林。村庄像是披上银纱,时隐时现,变幻莫测,不知是云在飘移还是村庄在蠕动。雾依旧是无边的,分辨不出是什么树,什么山,微微的只能看见一些黑影子。

  过了一会儿,雾逐渐变薄了,渐渐变成了薄薄的轻纱。远处的土岭、村庄、田野、河流……界线分明了。近处的树木也能分辨出枝杈了。枝杈上湿漉漉的,光秃秃的枝干被这甘露浇灌后好像想萌发出嫩绿新鲜的生机。茫茫的雾气和隐约可见的大树,再加上远远的房屋和土岭,构成一幅美丽的画面。

  太阳悄悄地从东方爬上来,雾悄悄地散了。我的眼前豁然开朗,天空像水洗一般蔚蓝,池水如银镜一样明亮。

  迷人的晨雾,你带给我了一种美的享受!

休闲之夏

张天睿

　　夏天的夜晚，温暖而恬静，让人感觉舒适愉快。

　　晚饭后，一轮皎洁的月亮照亮了黑色的大地，忙碌了一天的人们开启了休闲娱乐时光。窗外飘来阵阵"冲呀……追呀……"的欢快声，勾得我心里痒痒的，赶快写完最后一个字飞奔下去，加入了小伙伴的行列。

　　静谧的小河哗哗地流淌着，小伙伴们脱了鞋，挽起裤脚，有的坐在岸边，双脚拍打着水面，激起的小水花一圈圈绽放出来；有的拿着鱼抄子，眼睛死死地盯着目标，寻找下手的机会；还有一伙不安分的，在河中央打起了水仗，噼里啪啦的水波声、哈哈哈的欢笑声此起彼伏，在空中回响着。

　　远处河岸边，青翠的柳枝条被人们点缀了红的、黄的、蓝的、紫的等五光十色的小灯，交错闪耀着，在月光和灯光的映衬下，宛若仙境一般。人们摇着扇子，唠着家常，欣赏着河边美景，好不惬意。

　　休闲的夏夜，让人们有更多的时间聚在一起，拉近了彼此间的距离。

夏天的声音

纪俊成

夏天的夜晚总是从身边不经意地溜走,我从未像今晚这样和夏夜如此亲近。

从湖边走过,看见的不是昔日清澈的湖面,而像是一汪淡淡的墨痕。水里不时会泛起一些圆圈,那是鱼儿在吐泡泡,我仿佛听到了"啵……啵……啵"的声响。仔细看,湖面上微微泛起涟漪,它倒映着旁边的一切。倒影里的高楼,橘黄蓝绿的灯光,还有树枝,形成了一幅色彩斑斓的图画。除此之外,那一团团水草,它们绿油油地在水底招摇。正当我看得如痴如醉的时候,阵阵"呱呱呱"的叫声把我唤醒。啊,原来是可爱的青蛙在那里欢唱!

我们沿着林荫道一直走,闻到了阵阵清香,越往里走香味越浓。我们循香而去,是一株开满花的玉兰树。就着路灯,往头上一望,看见许多白色的花朵。这些花朵都分有好几瓣,每一瓣都十分柔嫩。玉兰树下的灌木丛在灯光下照耀,显得十分亮丽。一滴滴雨珠挂在栏杆上,银闪闪的,像一颗颗钻石。

白天里显得平淡无奇的景色,在夜晚光的照耀下,显得格外妖娆。我贪婪地猛吸这花香,舍不得离开。然而夏夜再美,我终究要去睡觉的。躺在床上的时候,夏虫仍然在聒噪地叫着,可我却听得十分

惬意……

早晨的世界

林 怡

早晨，我睁开蒙眬的睡眼。

老姐还在睡觉，时不时发出轻轻的鼾声，老姐的睡姿真是可以获得专利呀：头连着脖子一起弯在被子里，手抱着膝盖，膝盖顶着肚子。如果我不告诉你她是十六岁的人，你一定会认为是六七岁的小孩子。你看这睡姿，能不获得专利吗？我在一旁笑了起来，但没敢发出声音来。我悄悄地爬起来，不忍心惊动又熬了夜的老姐。因为老姐的作业总是比山还高呢！她为了在后面几天中玩得放心，便在深夜里写作业，唉！高中真是苦！

我见大家仍旧赖在床上，便无趣地坐在书桌前，随手翻开一本《蜡笔小新》。不知是否蒙眬的睡意被这明媚的早晨所驱赶，我伸了个懒腰，放下看不进去的《蜡笔小新》。

我慢慢走出房间，感受着无人喧闹的早晨，几丝清闲又清爽的风让我有跳动的热情。我来到阳台上，看着花园。花园里享受新鲜空气的只有早起的除草工，其他人大都沉睡着。花园里的小瀑布欢快地流着，小鱼儿也在池子里游动着，看起来是多么的无忧无虑呀！我就这样呆呆地立在那儿，凉风像小调皮一样搔着我的脸，痒痒的。我闭着眼，养着神。

不知是什么时候了,我听见了嘈杂声,便把眼睛睁开了。太阳红红的升得很高,但并不刺眼,像一个慈祥的老人,微笑着看着早晨的世界。大家也都从床上磨磨蹭蹭地起来了,小区里人也渐渐多起来了,好似这清新的早晨,终于感动了大家。看着大家成群结队地外出,我深深吸口气,感叹道:"真是一个可爱的早晨!"

多姿的云

杨 皓

家乡的云,是多姿多彩的。

我的家在浙江,要想看云,那可得抓紧,不然过了中午,太阳光一照,云就散了。即使在早上看云,那云,也是淡淡的,像袅袅炊烟,又像淡淡的雾,还像天上的仙女身上的薄纱遗留在人间。那云,虽是淡淡的,却也有形,经常变来变去,有时变成一只老虎,朝天怒吼;风一吹,又变成了一条遨游天边的巨龙;巨龙摇摇摆摆,又变了,变为一道河,小河弯弯曲曲,仿佛要从天上流下似的……

要是在雨天,云可不再淡淡的,而是变得厚重、乌黑,仿佛一挤就能挤出水来。这不,做好准备,云宝宝就哭起来了。太阳公公见状,忙安慰它道:"乖,别哭,换我值班好了"。云宝宝哭了一会儿,觉得哭够了,便收拾好东西,拍拍屁股走人了。太阳重新露了脸,笑呵呵地对着大地,去收拾云宝宝的烂摊子了。

这就是家乡的云,时而轻轻的、淡淡的,时而厚重、乌黑,我喜欢这多姿的云。

夏天的云

李 文

夏天的云轻松自在。它们洁白如牛奶一般，像棉花糖一样七零八散地挂在碧蓝的天空中，一阵风吹过，它们随风起舞，悠然自得，随性地变幻着自己的身形，时而像脱了缰奔驰的骏马，时而像欢快跳跃的小兔子，时而像威风凛凛的大老虎，真是风格奇异，让人目不暇接。

夏天的云任性淘气。人们常说："六月的天，娃娃的脸，说变就变。"这变脸的最大功劳恐怕要归功于云了。明明是风和日丽的好天气，午饭刚过，天空就被一群喝了墨的云占据了，大地被黑幕笼罩着，让人喘不上气来。层层的乌云排浪一样翻滚，风也在吼叫着，看样子它们在密谋着一场暴雨。瞬间，还来不及多想，伴随着"咔嚓"一道闪电，"轰隆隆"的一记响雷，磅礴的大雨从天而降，好大的气势，整个大地汇成了一条条小河流。

夏天的云妩媚多姿。夕阳西下，雨过天晴，天边挂出了七色彩虹，天边的几抹白云也被染成了各种各样的颜色。红得像一团火焰，粉的像一簇簇玫瑰花，还有的黄中透红，像成熟了的大柿子，看起来迷人极了，真想长出翅膀飞上天空，在云中遨游一番。

我喜欢夏天这变化多端的云。

踏 浪

江 涛

朦朦胧胧当中,我不知不觉地站在软绵绵的沙滩上,一波一波的海浪,像千军万马一样冲击着岸边的岩石,顿时海浪像花朵一样绽放了,白白的浪花就在那一瞬间显示出它的美丽。

忽然,有一股力量把我推向海边,平常不会游泳的我竟然能在海里来去自如。在海里,我看到一棵棵火红的珊瑚,像陆地上的森林一般,还看到一群群的热带鱼穿梭其间。而灯笼鱼是深海中的"鬼火",一些视力不好的鱼儿,常常跟在它后面,以免被鲨鱼吃掉。一说到鲨鱼,我背后就有一只虎鲨追着我来到黑蒙蒙的深海中,它就像好几天没吃饭似的,一直盯着我看。我想,这下死定了,既然跑也跑不掉,那只好像垂死的鱼一样任它宰割了。

忽然,我又回到了海滩上,海浪啪啦啪啦响,好像跟我道再见,三三两两的海鸥也叫了几声。我感叹着,像这样的美景,世界上已经少之又少了,那白白的浪花,一直浮现在我的脑海里。

位　　置

杜晓健

小鸡冲破蛋壳，小草从地里冒出来，花儿从花苞中绽放……万物一出生，都有属于自己的位置。

在家里，我是父母的"小太阳"。全家人都围着我转，衣来伸手，饭来张口，就差帮我做作业了。可是，自从上了学，我的位置就慢慢发生了变化。

上学第一天，我以为上学就只是学知识，没想到还要做作业。回到家，父母也和以前不一样了，他们不关注别的，总是问我学习成绩，问老师对我怎么样。有一次，我的数学考差了，爸爸狠狠地批评了我，我在家里的位置变成了"贫困生"。

在班上，我是一名普通学生，学习成绩一般，处在全班中上等，英语、数学成绩不错，但语文成绩不怎么样。我没有担任班干部的职务，但没有职务，并不代表我什么也不管，平时也要为班级做贡献，看到班级教室有垃圾就要主动捡起来，积极参加班级活动。我最喜欢画画，我绘画的水平在学校里都是最棒的，我长大以后想当一名画家。

这就是我在这个世界中的位置，独一无二的位置。

我不再自卑了

谢思雨

我，是个非凡的女孩儿，非凡于下巴上的那颗痣。没想到，它在我心头逐渐形成自卑的种子，给我带来了烦恼。

我，一直都在父母精心的呵护下快乐成长。新学期来到了，我背着书包，哼着歌，向学校走去。我稚嫩的脸庞被微风轻轻地抚摸着，心情舒畅极了。

刚踏进校门，我马上抬头挺胸，就像兵哥哥走路时那样铿锵有力。前面的几名同学转过头来望着我，突然，他们扭回头捂着嘴巴开始窃窃私语，并不时地回头看着我。那个眼神，包含着某种特殊的无法言喻的嘲讽。

此时，我就像被人打了一巴掌一样，笑容顿时凝固，脸上火辣辣的，心情也像打翻了调味瓶，酸甜苦辣咸五味杂陈。我隐隐约约地听到他们所议论的是我下巴上的那颗痣。就从那一刻起，自卑感在我心里开始蔓延，那颗痣也成了我挥之不去的心结。

直到有一次，我的心结终于被打开了。记得有一天上午，妈妈带我去医院，无所事事的我，在走廊里走来走去。回到药房时，几个阿姨正与我的妈妈愉快地聊着天。她们一见我便说："小姑娘，长得真秀气，下巴上那颗痣尤其美，有福气啊！"

听了她们的夸奖，我开心极了！这时，我又想起了文学家但丁所说的话，茅塞顿开："走自己的路，让别人说去吧！"是啊，不就是一颗痣吗？有什么了不起的？

从那之后，我不再自卑，反而把下巴上的痣当作一种荣耀。每当看到别人再那样议论时，我在心里就默默地说："我是最特别的，也是最非凡的！"

如今，面对别人貌似嘲笑的眼光，我总是勇敢对视。那个心结，已消失得无影无踪，取而代之的是自信与勇气！

美是什么

李 丹

我长着一张不讨人喜欢的脸：黑黑的，还点缀着"满天星"。

有时我会趴在窗台上，看着人来人往在心里瞎想。张张面孔迥然不同，各自有着让人捉摸不透的表情和特点。那如果有一天我真的改变了，会是什么样子的呢……

有一天妈妈带我去逛商场，我眼前突然一亮，那一处的灯光特别耀眼。我挣脱了妈妈的手，钻进人群。原来，他们在拍艺术照啊！我急忙回头找妈妈，妈妈一眼就看穿我的心思，带我来到更衣室。妈妈左挑右选，看中了一件日本和服。我穿上一看，好看是好看，只是一件鲜红的衣服把我的皮肤衬得更黑。化妆师阿姨跑过来说："没关系，我可以把你的小脸蛋儿画得白白嫩嫩的。"于是她在我的脸上左涂右抹，涂上了一层厚厚的脂粉，一下就没有先前那种清爽的感觉了。我站在镜头前，灯光照在我身上，像一双灼人的眼睛注视着我，照得我心里暖洋洋的，有一种明星登上舞台的感觉。"咔嚓"一声，照相机拍下了一个陌生的我。

后来，妈妈看到我的照片时，惊叹道："真是佛要金装，人要衣装。"但我犹豫了，美到底是什么？是用脂粉和服装装饰出来的吗？不，美应该是最纯真、最自然的。

成长的烦恼

刘安朔

如果说成长是一枚贝壳，那么烦恼就是贝壳里的一粒沙；如果说青春是一缕阳光，那么烦恼就是潜藏在其中的一片黑暗。

那天是星期五，我回到家，带着喜悦的心情坐到沙发上看起了电视。正看到高兴时，妈妈拿着一瓶可乐走了进来："上了一天学了，肯定很累，来，喝可乐。"妈妈笑着把可乐递给我，我怀疑地接过来，平时妈妈是不让我喝任何饮料的。

算了，反正有可乐总比没有好，于是我喝着可乐继续看起了电视。过了一会儿，妈妈好像突然想起了什么一样，大声喊道："哦！对了！"然后用圣诞老人从口袋里掏出一个特大号礼物的神情对我说："今天我在街上看到一个很棒的课外辅导班，怎么样？想不想去上一期？"

我看电视正看得兴起，于是没有理会，只是淡淡地回了一句："没兴趣。"

可妈妈又怎会这样善罢甘休，继续给我做工作，口气越来越强硬。可我正在看电视，所以一个字也没有听进去。终于，老妈的耐心到达了临界点，像火山一样爆发了。她"轻轻"走到电视机前，春风般微笑着说："我给你两个选择，要么去，要么挨完揍再去。"

最终，在老妈的逼迫下，我过上了整个星期天都要在课外班里度过的生活。可我不明白，我为什么要去上这个课外班呢？妈妈为什么要逼我？

我，烦恼着。

骄傲的红领巾

王宇豪

我想，世界聚集了每个人的色彩，我们都不该活得像一张白纸，虽然洁白无瑕，但却单调乏味。随意描绘一抹色彩，竟也成了生命中最美丽的风景。

在一个烈日炎炎的中午，一个路口围着几层人，我穿过厚厚的人群，终于知道发生了什么——一个老人摔倒在地上。我看看四周的人，全都无动于衷，想把他扶起来。一个穿着白色衬衫的年轻人对我说："他就是一个骗子，你不要过去。"并且很嫌弃地看着那个老人。紧接着又有人说："大伙儿都散了吧，就是一个招摇撞骗的在这儿演戏呢！"看着周围的人渐渐散去，我却不知道自己要做什么，应该做什么……不知过了多久，一个小孩子走了过来，想都没想，直接去把老人扶了起来。这时，我终于回过神来。紧接着，我又看到他把自己的水给老人喝，并且好像在对老人说什么。一段时间后，老人走了，我走到小孩子旁边，问："你为什么要扶刚才那个老人起来呢？你不担心他是一个骗子吗？"他转过头来，露出天真的笑容，用一个手指着他胸前的红领巾说："老师对我们说，我们是少先队员，所以要尊老爱幼，竭尽全力去帮助需要帮助的人。"我低头看了看自己的红领巾，心里很是惭愧……

在后来的生活里，我遇到了很多与这件事相似的事，每当我在思考应该怎么做时，脑海里总会不自觉地出现那天与小孩子对话的场面，总会看到他胸前那一抹亮丽的红色。

无声的夜

张家伟

夜深了，天空拉下了深蓝色的帷幕，幕布上闪着几颗星星，如一颗颗闪亮的钻石。远处的楼房里几缕灯光照映，形成了一幅美好安宁的夜景。

广阔无垠的深蓝色总给人宁静之感，应了无声的夜。在这时间的悄然流逝中，内心的宁静与无垠的天际拉近了距离，心静了，声停了，在这无眠奋斗的夜晚，只有天上深蓝色的夜空陪伴着我。她笼罩着我，闪烁的星星总是提醒我："我们都是夜空的星星，虽没有太阳那么伟大，但却总是通过自己的奋斗使自己在这无边的夜闪闪发光，照亮自己的路。"

就像那茧一般，经历了无数的暗夜与等待，其间可能有汗有泪，有伤有痛，但在那无数的等待中，它靠自己的努力孤军奋战着。一分耕耘，一分收获，屹立不倒的身躯和奋斗忙碌的身影，诠释你不倒的意志。破茧成蝶，一刹那的动人，凝结百年永恒的美丽。

在这漫漫暗夜中，我就像那等待的茧，你给我深蓝色的宁静，你给我夜中的沉思，你给我奋斗的勇气，你给我坚定的信念，我也像那闪烁的星，为照亮未来的路而点亮现在的灯。

深蓝色的夜空中夹着几颗星星，细细地化作条条银河，透过窗户，汩汩滤过我的心田，使我总能在浮躁时静下心来。那宁静的银河滋润着我努力奋斗的心田，像那永恒不变的美丽极致绽放过奋斗的力量。

无法忘记的美丽

林书琴

大千世界之所以美，自然少不了自然景物的点缀；人生之所以光彩，自然缺不了条条彩线的编织。生活中，总有那样一抹色彩，自然、澄澈，没有紫色的沉静，没有红的绚丽，没有粉的甜美，但却让人无法忘记它的美丽。我们曾在雨中挽手漫步，却终抵不过岁月的流逝，岁月擦过指缝，擦出了世间最美的色彩，装点出了最美的你。

"人生在世，挫折自然难免，若在挫折面前颓废、放弃、抱怨，那这条曲径还有阳光可言吗？挫折面前，面对才是捷径。"

的确如此，也许，你早已忘记那个不愿正视挫折的她，你更忘记你陪她一起品过的苦涩茶水。因为近在眼前的考试，各科老师开始突破作业量纪录，深夜，只剩笔尖的沙沙声，一点点划走了夜色。我在书纸中奋笔疾书，即使这样，成绩仍然让人不忍直视。你如同一道阳光出现在我灰蒙蒙的生活中，给予了我蓝色的希望。我在晴空万里中聆听世界上最动听的乐章。那片与天空相似的蓝色，象征着我，象征着你。

于是，多少个寂静的夜，我在蓝色中奋笔疾书；多少个蓝天白云，我在操场上奔跑。或许是你，又或许是各种回荡在耳畔的真诚，使我在蓝色中进步。有那样一抹色彩，很美，却又很平凡，点亮了我前进的道路。

花开的瞬间

　　盛开的桃花是个十足的美人，株株花蕊是她的秀发，点点柱头围起她的发饰，片片花朵是她的盛装，在初醒时带着点点露珠落在她的眼眸。都说桃花是有情之物，开花那一瞬，伴着情仇显露出一副凄美可人的容颜。

花开的瞬间

陈嘉源

淡淡的芬芳随着花朵的绽开袅袅飘散在湿润的空气中,花开的瞬间,不仅伴随芬芳,还有令人着迷的娇态。

桃花开,茎叶渐渐嫩绿,点点花蕾带着丝丝昨日的湿润,在闪烁着的阳光中结成露珠。与她一同伫立在棕榈旁逸斜出的树枝,受尽旧日的朦胧,在如今的清晨开花。片片花瓣竞相向外展露自己的英姿,粉嫩的花容如精琢的玉雕,晶莹剔透,带着几分生机,携着几缕芬芳,隐匿着几分娇媚。盛开的桃花是个十足的美人,株株花蕊是她的秀发,点点柱头围起她的发饰,片片花朵是她的盛装,在初醒时带着点点露珠落在她的眼眸。都说桃花是有情之物,开花那一瞬,伴着情仇显露出一副凄美可人的容颜。

丁香花开,自浅至深的神秘,片片花瓣从细长的花管蔓延,高挑纤长的茎干,高雅优柔的气质,像富贵千金,着一身紫色的纱裙,散发着迷人的花香,引得蜜蜂与蝴蝶陶醉。雨滴也争先恐后地落到她身上,绽放的容颜引人注目,瓣尖微微卷回,点点淡黄色花蕊落于其中,在叶的衬托下,越发迷人。她笑得极美,倾国倾城。

玫瑰花开,她立在翠绿的草丛中,小心翼翼地散了花瓣,却仿佛害羞地包裹着自己,脸也涨红了,留着小口倾吐花香。弱小的叶子

向上翘起，叶尖偶尔垂着一小滴晶莹的水珠，更显娇小玲珑。在暗香的空气中，她霎时全部绽放开来，像西班牙女郎舞动的红裙，那样耀眼、夺目，奔放而热烈。

桃花有可人的容颜，似美丽温婉的少女；丁香有倾国倾城的笑容，似迷人幽美的姑娘；玫瑰有耀眼夺目的红裙，似热情奔放的女郎。

花开的瞬间，总让人着迷！

品茶观雨

张子璇

品茶观雨，听雨赋诗，历代有多少文人借雨抒情。雨是心灵的寄托所，将所有杂事、琐事冲净，站在雨前，心中只剩下一片宁静与自在，心中便再无其他事。

雨，或细雨绵绵，或狂风暴雨，但无论哪样，都别有一番滋味在心头。绵绵的细雨从空中落下，慢条斯理似一位老者，一点点地使世界浸在宁静与自由中。树叶被雨打得油绿，房屋在细雨中浸湿了皮肤，细雨绵绵，整个世界变得沉静，使人在沉静中无法自拔，陷入阵阵深思——人生若也能似这细雨般那该多好。豆大的雨点从空中直落，狠狠地打在玻璃上，的确，雨怒了。因为愤怒了，便把整个世界拨动起来，向窗外看，雨形成了一片水帘，上无源头，下无止境。透过雨帘，世界变得模糊起来，但也是别出心裁的美，让人忍不住要赞叹，又使人向往。

　　渐渐的，我被忽大忽小的雨迷住了，眼里，心里，只剩下雨的洒脱。雨，没有曲径通幽，没有间断，只是一如既往地实现自己的目标。身为学生的我们不应当这样吗？似雨一般洒脱，似雨一般执着于自己的信念。

　　雨的声音，似一曲优美动人的乐曲，一点点地扣动着心扉，击打至心灵深处。雨声，似亲人频频的絮语，叮咛着；似朋友絮絮的心语，嘱咐着。雨声很亲切，听雨之中，使人感到亲近的人就在身边陪伴。

　　渐渐的，我被碎碎的雨声迷住了，耳朵里，心里，只剩下雨的亲切。雨愿意与每一个人亲近，倾听内心的苦楚，抚平内心的伤口，雨，似朋友，似亲人。我们，对待他人不应当这样吗？

　　雨，滴在身边，凉凉的，使人有欢悦之感。雨后，散发出清新的泥香，滋润着心脾。在雨后漫步，天是一片清蓝，伴着点点清香。世界，在雨中升华。雨，让人深感温柔，更让人无法自拔。

　　伏窗观雨，我之所以迷恋雨，是因为雨寄托了人性中的光辉与美好。雨的自由使人羡慕，雨勇于追求自己的目标，不畏艰难险阻。雨使人感到亲和，更与世无争，我喜欢雨的内心，沉迷于雨的品性。

绘画令我着迷

杨 清

说是喜爱绘画，但我并不是痴迷于绘画。与其说绘画令我着迷，不如说我更喜爱绘画的过程，绘画时的意境。

可以说我画画的水平很差，但我在意的不是结果。闲暇时拿起一支画笔，支起一架画板，随性地画着，享受着静谧美好的时光。在外游玩时，遇到了难忘的景象，也可以依着相机里的照片临摹，总觉得绘画比一片薄薄的相片更能寄托一份心情，留下一份回忆。心情烦躁时，绘画也可以安定纷杂的情绪，平复自己的心情，偶尔灵感突发，草草画上几笔，也能心情舒畅……

素描画、水彩画、简笔画、彩铅画，变的是绘画的方式，不变的是绘画的那份意境……细细勾勒出轮廓，渐渐描绘出它的模样，我喜爱不同的绘画方式，更喜爱绘画给予我的独特感受。或是阳光明媚，正如我开阔的心情，温暖的阳光轻柔地打在画板上，画笔在纸上不停地飞跃着，将我那激动的心情寄托于画笔间，画纸上，把最美的东西用最美的状态呈现出来；又或是傍晚阴雨霏霏，静静地坐在窗边，聆听着雨声独特的韵味，细细地一笔一画地绽开一幅画，静静地畅游于画的意境中。

绘画总能使人心神安定，可以让人在纷攘的世界和不停向前追赶的生活中停，给自己一个时间静静地放松，停下脚步，重整心态，整装待发。

绘画令我着迷，并不只是追求一种艺术之美，也许是为自己找一个停步的借口。

野 菊 花

刘 玲

秋天，一切都在成熟之中，那野菊花给秋天增加了一道美丽的风景线，它让我们迷恋，让我们赞叹，更让人们喜爱。

走在秋天早晨的小路上，一阵凉风吹过，感受到秋的凉意。迈着轻快的步伐，欣赏一路秋景，这时展现在我面前的是一片迷人的秋色。

在田间小路的两旁，盛开着小巧玲珑、不计其数的野菊花，它们千姿百态、争奇斗艳，给幽静的小路增添了几分热闹、几分趣味、几分生机。

瞧，在秋风的吹拂下开得那样旺盛的野菊花，好似娇美的小姑娘向你招手，好似欢迎你的到来。过一会儿，那些野菊花好像跟你熟悉了，变成调皮的小孩子，微微地露出了花骨朵儿，欣赏着迷人的深秋。它们仿佛喜欢上了这里，看着这样的景色，微微地点着头，肯定是被秋景吸引了吧！即使是即将凋零的菊花，也看不到它们无精打采、垂头丧气的样子，只能看见它们坚守着心中的信念而顽强地挺立着。不管遇到狂风暴雨，依旧坚强挺立，直到被打落，这使我明白生活中我们不能因为一件事情做错了，就永远放弃，而应鼓起勇气坚持走到最后。

野菊花总是那么平凡，比不上牡丹的高贵典雅，比不上桂花的迷人芳香，比不上其他花儿那样五颜六色，但它坚强不屈，不畏严寒，顽强挺立，这样的品质更加迷人。

在诗词中成长

赵靖瑶

还记得《长相思》，仿佛伊人隔了千年的累世情深，眉眼从远方绵延处漾开，不消说，便已旖旎万千；还记得《青玉案》，彼时月光如银，烛光如火，雪映灯笼，雪落梅梢，枝头兴许还有淡淡残雪，拂落了满肩，一个回眸便已然写就阑珊尽处的诗意。

犹记五六岁时，家中长辈教我背唐诗，书上总有红线勾勒出诗人圆圆的脸和那胖乎乎的官帽，我以为写好诗便可落得荣华富贵、发迹天下，也总有圆润的笔墨勾勒出矮矮胖胖的杨柳、肥大雪白的野鹅。当时妈妈总是单手握着幼儿读本的《唐诗三百首》，教着我一字一句地念，缓慢的吟哦声伴随着摇头晃脑的夸张动作，我终还是能用清脆稚嫩的嗓音背诵出白鹅在水中的自得游弋，杨柳在春日的千娇百媚，虽是囫囵吞枣不求甚解，可也算是让那时超强的记忆力有了用处。

待我将弹弹圈的手表咬于藕节般的手腕上，怀揣着忘忧草，走进了小学的校园。那时一学期有四篇古诗词，理所当然成了我最期待的课时。那时楷体字下映衬的早已不是线条可爱的简笔画，而是淡墨水彩层层晕染开来的中国画，诗人的眼眸中添了深邃忧愁。那时老师黑板上书写的早已不是"一去二三里"，而是悲伤哀愁的送别诗抑或山温水软的田园诗。

老师也以此为由多了一条规矩，凡逢古诗词，除了解释一句句一阕阕的古文言，还要求扩写成篇。那时正是八九岁，这种类型的练笔也是除了看图写话第一次写作。明白晓畅脍炙人口的《静夜思》到冗长难解的《春江花月夜》，我们也从不解到习惯，情愿用自己稚嫩的语言描绘出对故园景物的思念，对江南烟雨的陶醉。

这些古朴典雅的诗词连句，在百年后依然焕发出生机活力，以更原始的笔触、更柔和的情思在我们心间绽开浓浓的中国味道……

的确，这些诗词曲赋是老旧的。可老人老物不老情，它在如今依旧能教会我们专注，教会我们理解，教会我们心中有故园旧国，有柔和温暖，更教会我们以庄重经纬相待这个国度流传与失传的技艺传统，让那明艳艳的中国红常挂心间永不忘却。

在诗词中成长，学会温暖与柔和，铭记技艺与传统，还记得那天晓风残月，嘴角漾起一抹笑，脱口而出早已烂熟于心的诗句，稚嫩响亮的声音吟诵诗词古韵，便已是与它最美好的相遇。

梦游魔法学校

宿小剑

下午从学校借回一本《哈利·波特》,一直看到很晚,不知不觉就进入了梦乡。

突然,有人拍了拍我的肩膀,我转过身来打量这个人:他戴着一副用胶带粘过的眼镜,鼻子又扁又红,身上披着一件紫色的斗篷,左手拿着魔杖,右手握飞天扫帚,额头上有一条像闪电一样的疤痕。他正对着我笑呢。我马上想到书上的那个哈利·波特。"你就是哈……哈……哈利·波特?"也不知道为什么,我突然结巴了,也许是因为太紧张了吧。他笑着说:"对,我就是哈利·波特!""找我有事吗?""当然有事了!我来邀请你到我们学校上学。""是霍格沃茨魔法学校吗?""对!难道你不愿意去吗?""可是我是个麻瓜呀!""麻瓜又怎么样!"他好像有点儿不高兴,"赫敏·格兰杰不也是麻瓜出身吗?"接着,他拉了我一把,说:"快点儿到我的光轮2000上来,别让阿不思·邓布利多等急了!"我上了飞天扫帚,他又加了一句:"如果你有恐高症,就把眼睛闭上。"我刚闭上眼睛,只听见"嗖"的一声,我的两只脚就离开了地面……

不知飞了多久,我听哈利·波特说了一句:"到了!"我睁开眼睛,一座高耸的古堡让我惊呆了。这幢古堡少说也有十几层楼高。

哈利用他的手使劲地拍了拍那扇高大的门。门开了，我们走过金碧辉煌的大厅，来到了餐厅。哈利恭敬地对一个身材高大的老人说："校长，我已经把人邀请来了！""很好！"那老人（后来我知道他就是邓布利多校长）对我说："你被安排在格兰芬多，现在你就可以和你的朋友就餐了。"哈利很高兴："太好了，你也被分到格兰芬多，那可是霍格沃茨最好的学院！"

　　吃完饭后，我、哈利、罗恩，还有赫敏随着格兰芬多的人群向休息室走去。半路上，皮皮鬼来找麻烦，哈利冲皮皮鬼大吼："皮皮鬼，你要是再不离开，我就去叫血人巴罗来修理你！"皮皮鬼立刻求饶说："我走就是了，你千万别去叫血人巴罗。"说完，一溜烟跑了。哈利笑着对我说："这招是级长教的，皮皮鬼最怕血人巴罗了。"我们走到休息室门前，大门旁边的胖妇人肖像大声问道："口令？"哈利说："猪鼻子！"我也跟着大声说了一句"猪鼻子"……

　　"小剑，你醒醒，什么猪鼻子牛鼻子的？"我睁开眼睛，见妈妈站在床边。哦，原来是一场梦！

幸福的我

王　枫

　　我是世界上最幸福的人。

　　比如，有一次，我大姨从深圳回来给表姐过生日，但她却买了个大蛋糕给我吃。我高兴极了，津津有味地吃起来，越吃越高兴。过了一会儿，我带着满嘴的奶油，回到隔壁自己家。外公外婆一看，以为是我过生日，就唱起生日歌为我祝贺。我说："喵呜，喵呜，'大花猫'驾到！"惹得大家哈哈大笑。

我家有什么事需要帮忙，我妈妈就让我帮忙；我家开民主会，也会考虑我的建议；我的成绩，不管多差，都不会挨骂；我爸爸妈妈从不打麻将，下班后总陪着我，逗我开心。

我家有只小鸟，我唱歌的时候，它就飞到我怀里叫；我跳舞的时候，它就围着我蹦来跳去；我亲一下它，它就会轻啄一下我的脸，表示对我的爱。

当我在妈妈肚子里的时候，幸福是什么，我不知道，但我出生后，笑容总挂在我的脸上，我无比快乐，无比愉悦，无比幸福。

我想，每个人都有幸福，但我更懂得品味拥有的幸福，所以我比别人幸福一千倍。

童年的乐园

潘文雅

我家住在一个八层楼的顶楼，沿着楼梯继续上，可以直接上到楼顶。楼顶四周围着铁栅栏，像个露天旱冰场。以前，楼顶是我和小伙伴的乐园，这里记录了我最难忘的童年。

春天，我们这幢楼的小孩儿就拿着风筝往楼顶跑，去放风筝，楼顶上一阵阵欢笑。大人们搬来家里几盆半死不活的花，一放到楼顶上，居然长得生机勃勃。我家的菊花也来凑热闹，真是美极了！

夏天的傍晚，妈妈和邻居们就去开动抽水机蓄水。当蓄水池满了，就会从屋顶水池上溢出来。我呢，就把水洞塞上，甩了鞋，光脚在楼顶上玩。晚上，大人们舀水把晒了一天的楼顶浇凉，就在楼顶进行他们的娱乐活动——聊天、看夜景。

秋天，当然忘不了中秋佳节的月亮了。赏月是最好的节目，一家人围着石头砌成的桌子吃月饼，让人备感温馨、亲切。

冬天，楼顶也不冷清。早上，正是锻炼的好时光，谁也不愿错过。

可惜，楼顶后来被人看中，有几家人在楼顶搭起几间简易房子，把楼顶据为己有。剩下的空地只有十步长，三步宽，供他们几家人过路，而且也不许别人上去。

现在，楼顶我再没去过，我不愿看到我们所失去的。而我们失去的，也绝不仅仅是楼顶的空间……

保护地球

沈 博

小时候，我经常搬个板凳，在阳台上傻傻地坐着，望着天空发呆。因为这，妈妈一直说我是个奇怪的孩子。她不明白，这单调的颜色和几团随风而逝的白云有什么看头。其实妈妈又怎能理解呢？我喜欢看蔚蓝天空中偶尔划过的白线，喜欢看鸟儿自由飞翔的身影，喜欢看白云变幻无常的姿态，更让我喜欢的还是那一览无遗、清澈透明的蓝天！在蓝天下，我可以尽情地畅想，任一些稀奇古怪的念头在脑中晃过：如果我是一只小鸟，我将飞上高高的蓝天；如果白云可以载我流浪，那么我就可以饱览草原的风光；如果外星人真的存在……好多个"如果"让我的心绪也随之飞扬。我感觉这比做任何事情都要快乐。

我以为没人能剥夺我的快乐，但是我错了！不知从何时起，天不再那么蓝了，抬头看到的是一个混浊、灰暗的天空。严重的环境污染破坏了一切的美好。为了发展经济，一座座厂房拔地而起，大量的废水、废气被排放到河流和空气中。一片片森林被砍伐毁灭……

地球只有一个，蓝天只有一个。为了美好的明天，为了给子孙后代留下一个安居乐业的家园，让我们一起来保护地球吧！让天空恢复蔚蓝的色彩，让我们在蓝天下尽情地欢乐！

我爱睡莲

张晓湘

我家附近有一个小小的喷水池。一座雄伟挺拔的假山，两个玲珑的凉亭，一座别致的小桥，一道晶莹的瀑布，构成了它的全景。然而，就在水中，却有一种更加美丽典雅的植物——睡莲。

睡莲是荷花的一种，但它却不是拔出水面，而是平躺在水面上，也许这就是它得名的缘由吧！

睡莲那圆圆的碧绿的叶子，光彩异常，到处翠色欲滴，绿得那么可爱、那么柔美。中心深绿色的叶脉四散出去，像艳丽的焰火，在狭缝中扩散。每片叶子上都留着一小半豁口，像一个顽皮淘气的孩子，笑啊、笑啊，笑破了嘴唇，笑破了肚皮，是多么的快乐呀。叶子上珍珠似的水珠，晶莹透亮，射出无限光芒，滚来滚去，最终汇入中心，神奇地变成一颗大"珍珠"，真是有趣极了。

　　睡莲的花更是美丽。远远望去，像一个睡美人躺在水中，是那么安静，那么动人。在水声"叮叮咚咚"的伴奏中，它睡得多么舒服，多么惬意。走近看白里透红的花瓣煞是逗人喜爱，末端是粉红色，再往下渐渐变白，像一幅优美的水墨画，使人一见就生爱慕之心。花瓣中央是头饰般的花蕊，黄黄的、淡淡的，浓郁的花香引来了蜜蜂、蝴蝶和蜻蜓，恰如"小荷才露尖尖角，早有蜻蜓立上头"的诗句。

　　睡莲无比纯洁，无比秀丽，给人们带来清爽的感觉。我爱睡莲。

月季花赞

梁瑞玲

　　月季花是一种供人们观赏的植物。它朵朵艳丽，品质清纯，深受人们的喜爱。

　　在我们的院子里就长着几株亭亭玉立的月季。它是常绿或半常绿的小灌木，叶子像卵形，上面长着一些暗红色的小刺，这些小刺又尖又硬，好像在警告人们：只能观赏，不准接触。

月季花不仅茎和叶子有特色，花更是美丽。月季花有各种各样的颜色，有淡黄色、银白色、深红色、玫瑰红等等，令人眼花缭乱，目不暇接。当月季花竞相开放的时候，花瓣玲珑剔透，一层层张开，像一只只小手，把花蕊托起。花蕊呢？就像一位害羞的小姑娘似的。靠近花蕊闻一闻，一阵阵清香，真让人感到心情舒畅。有的含苞未放，则像一位纯情的少女正低着头，脉脉含情，仪态万方。还有的刚吐出了花蕾，正尽情地享受着明媚阳光的照耀和微风的抚摸，还贪婪地吮吸着春天的甘露，更显得百般娇艳。

啊，月季花，季季开花，不知疲倦。你是花中的使者，把美丽和生机带给人间。

我要高声赞美你——月季花。

我爱向日葵

王博威

我们家每年都种几棵向日葵。它美丽朴实，有着强有力的根系，笔直的茎，碧绿的叶子，而那圆圆的金黄色的花盘永远向着太阳。

向日葵的生命力极强，无论是江南，还是塞北，无论是肥沃的大平原，还是贫瘠的荒坡，不论在什么环境下，它总是矗立挺拔。

它谦虚谨慎。它的根、茎、叶时刻不停地埋头苦干，互相合作，谁也不争头功。它们默默无声地供给美丽的花冠最好的养料，让它结出丰硕的果实——这是它们共同的愿望。向日葵以油料高产出名，但它不像高粱那样，长了些米粒就摇头晃脑，满脸烧得通红；也不像蒲公英，结个毛球就飘飘然；更不像桦树，有阵风就哗啦哗啦地夸夸其谈。向日葵只是踏踏实实地生长，埋头苦干。

向日葵的优点，在于它有崇高的理想。它一生都在思索——怎样生长出更多的油料，做出更多的贡献。它看不起莲藕，把死水的平静当作最大的幸福，沉醉在污泥中虚度年华；它更憎恨那寄生的菟丝子，盘缠在别人的枝干上吸取别人的养料，而自己拼命往上爬。向日葵别无所求，只求对人有用，它的全身都是宝。

向日葵，多么可爱的植物，索取的极少，给予的却极多。平常不起眼的向日葵，风格是多么高尚。

看着向日葵，我不由想起在平凡工作中忘我奋斗的人们：饱经风霜、肩挑重担的农民，满身油污、夜以继日苦战的工人，披星戴月、守卫边疆的解放军战士……他们就像向日葵那样，把祖国当作大地，把党看作太阳，把自己的一切一切都献给人民。

我爱向日葵。

昙花一现

张 楚

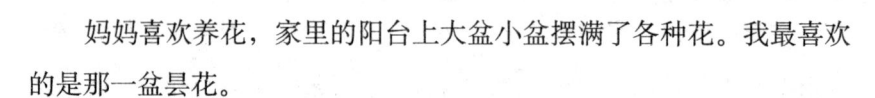

妈妈喜欢养花，家里的阳台上大盆小盆摆满了各种花。我最喜欢的是那一盆昙花。

记得一个周末的晚上，我正打算睡觉。突然，听到妈妈惊喜地喊道:"快来快来,昙花要开了!楚楚,拿来相机,快点儿……"我听了,一个鲤鱼打挺跳了起来,直奔阳台。爸爸慢悠悠地拿着照相机走来,准备一会儿给昙花照相。我脑子里立刻闪出"昙花一现"这个成语来。知道"昙花一现"这个成语的人不少,然而能够亲眼看到昙花的人却不多,我能亲眼看见即将开放的昙花,真是幸运。

我走到昙花跟前仔细观察起来。只见这盆并不起眼的花,它的茎有大拇指那么粗,直直的,有一尺多高。花茎上伸出了一片片碧绿的叶子。它的叶子扁而平,叶子的形状如带鱼一般,又如绿色的锯。从这些边缘不齐的叶子上竟然又直接长出了新叶子,交错地向四周延伸。忽然,我发现一片碧绿的叶子中间伸出了一个紫红色的花骨朵儿,那饱胀的叶子好像马上就要破裂似的。过了一会儿,我一瞧,啊!昙花已经微微地咧开了"嘴",紫红色的花苞里露出了白色的花瓣,好像在向我们微笑。

晚上10点整,昙花终于怒放了,果真是名不虚传,紫色的花蕾舒展开了身子,十几片乳白色的花瓣如同信鸽的羽毛,白得那么纯洁、那么可爱,那一根根娇嫩的花蕊,像露珠似的,晶莹透亮。这样的娇姿加上那一阵阵扑鼻而来的浓香,真是把我们大家都陶醉了。爸爸赶快拿着照相机,给昙花"咔嚓、咔嚓"地照了许多相。

啊!多么美丽的昙花呀!虽然"昙花一现",但它却把美留给了人间,也永远留在了我的心里!

我家的小花园

张永良

自从爸爸买回来几株花后，可忙坏了我，给花儿捉虫、拔草、松土、施肥，常把我累得汗流浃背。有太阳的时候，要把盆花搬出去晒；下大雨的时候，又得把盆花都搬进来。为了使花开得更多，枝叶长得更茂，还得常常给花换盆。

经过我近一年的辛勤劳动，我家的院子真可谓是一片姹紫嫣红。粉红色的芙蓉花是院子中最高的花，它像撑着的一把巨伞，守护着花坛中的小弟弟、小妹妹们。太阳花的颜色最多，有粉红的，有朱红的，有金黄的……小而多姿，把整个花坛点缀得格外绚丽夺目。米兰则秀丽而淡雅，它貌不惊人，却香气四溢，只要你深深地吸上一口，准能心旷神怡。最娇美的要算杜鹃花了，嫩绿的身躯迎风摆动，殷红的花朵似一张张陶醉了的笑脸，不由得你不爱它。最可贵的还是那不起眼的爬山虎，一年工夫它竟蔓延了整道篱笆，连门窗都被它染绿了。有时它还会从缝隙中硬挤进屋子来，使满屋都充满了诗情画意。

感谢爸爸给我买来了这些花，更感谢花儿们对我的劳动报以如此丰厚的回赠。我是知恩图报的人，以后的岁月里自然也不会委屈了花儿们的。

根 的 启 示

严嘉威

在我老家的门口，种着两棵高大的松树，两棵永绿的松树。

那两棵青松在我出生前就有了。我小时候，那青松虽然没有现在高大，可也是那么威武，那么挺拔。我问妈妈："妈妈，看啊，青松为什么如此挺拔呢？"妈妈回答不上来。正巧，外公从屋里走出来，说："有谁不愿挺拔呢？挺拔，是不屈，是无畏，是坚强，是种美！"当时我还小，不懂。

有一年夏天，热得要命，我们全家在屋里避暑。我从窗户正好看见那两棵松树的枝头。于是，我对妈妈说："妈妈，看那松树，它热不热呀？我要把它们搬到家里来。"妈妈见我说出如此傻话来，笑着说："这怎么可能呢，哪能把树搬到家里来呢？别傻了！"可这时外公竟冒出这样一句话："你试试吧。"哇，有外公支持我，好！我冒着炎热来到外头，用力提了提树干，可它就像千斤巨石一般，纹丝不动。这时，外公说："用锄头挖，不过要小心，要你妈妈帮你。"妈妈急了："开什么玩笑，这树哪移得动呢？爸，别拿我们开涮。""叫你去你就去，这是教育，教育你的孩子！"教育我？听不懂。不过妈妈也只好从命。妈妈先扒开一层土，再用力往下挖，挖了一层，又挖了一层。这时，在屋里坐着的外公发话了："提提看。""提不动呀。""你们再看看根。"我往下看。哇，好粗好长哇。看来，这根扎得太深了。"这青松，之所以不倒，是因为有着牢牢的根。"外公说这段话时，情绪显得非常激昂。我望着那棵青松，似懂非懂地点了点头。

后来，我回到城里读书。有一天，我看见军校门口那两个站得笔直的警卫，忽然想起了青松，想起了外公的话……

小　草

王　英

有人爱大树，有人爱花朵，但我却爱小草，爱它的坚强。

春节刚过，青藏高原上寒气未散，小草已敲响了春天美妙的钟声。山脚下，小草已探出小头，给春天增添了一分绿意。

小草没有树的高大茂盛，没有花的芬芳美丽，但它却有惊人的生命力。炎热的南方有它的足迹，寒冷的北方有它的身影，高高的唐古拉山上有它的绿色，广阔的大草原更是处处都是它的家……春天的风吹不倒它，夏天的雨打不坏它，秋天的霜寒奈何不了它，冬天的雪更冻不死它。

它有各种各样的形状，有锯齿形的，有条形的，有桃形的……真是形态万千，千奇百怪。

秋天，它枯萎了，人们的脚踩着它，牲口去吃它，冬天大雪又把它盖住，但一到春天，它就又发芽了，顽强地生长。难怪唐代诗人白居易用"野火烧不尽，春风吹又生"的诗句来赞美它。

小草把自己的一切都贡献给了大地，它默默无闻地点缀着大自然，不向任何人索求。我们要像小草一样，坚韧地成长，将来为祖国的发展贡献出自己的一点儿力量。

妈妈，你是我的榜样

牛千千

"六一"儿童节学校放假，吃过午饭我就跟着妈妈和舅舅去逛街。

"您给我买这个项链，不然我就不学习了。"我们刚走进一家商店，一个年龄与我差不多的女孩儿的话就吸引了我的注意。她妈妈叹了口气："好了，小祖宗，就依了你，你要什么，我买！""不公平！妈妈，你怎么只给姐姐买，我也要，我要旁边玩具店里的四驱车！"身旁的一个男孩儿不满意了，不停地嘟囔着。他们的妈妈只得一个劲儿地答应着："好好好，我买，我都买！""小皇帝""小公主"这才都露出了笑脸。看着他们，我也有点儿眼馋，试着问妈妈："妈妈，我想买个手链，好吗？"我以为妈妈会像刚才那位妈妈一样答应我，可话一出口，听到的是舅舅的应答声："哎，千千，我给你买，说，你要买什么？"我抬起头，妈妈一脸阴沉："买什么买，这么小就会乱花钱，长大了还得了？不买！"我一下子不敢说话了。

出了商店，我们又在大街上到处溜达。咦，前面有人演杂技，我急忙拉着妈妈和舅舅去看。谁知,一个衣衫破旧、脸色苍白的老奶奶拦住了我:"小朋友,可怜可怜我这老太婆吧!给点儿钱吧!"我假装没看见,打算拉妈妈避开她,可怎么也拉不动,转头一看,妈妈正掏钱给老奶奶。我轻轻拉了拉妈妈的衣角,示意她别给。结果妈妈反倒严厉地瞪了我一眼,我低下了头。

回到家,妈妈语重心长地对我说:"千千,我们应该从小就学会节俭,不能大手大脚乱花钱。还有,你不应该那样对待那位老奶奶,不到万不得已,谁愿意出来乞讨?"

妈妈,你是我的榜样,是你让我明白一个人应该做的是什么,不应该做的是什么。

只要人人都献出一点爱

马明宇

我今年十岁了。十年的人生历程中,由于几次搬家,几次转学,我认识很多的人,但随着岁月的流逝,大都没留下什么印象。唯有一个人,我从未谋面,却刻在了脑中。

记得我小的时候,爸爸在外地工作,妈妈的工作也非常繁忙,老要加班加点,她常常把我锁在家里,让我一个人玩。当我玩得无聊时,便会拿起电话和妈妈通话。

一天晚上,我还在睡梦中呢,妈妈就丢下我加班去了。我醒来后从卧室跑到客厅,又从客厅跑到卫生间,可连妈妈的影儿也不见。我看看窗外，一片漆黑。我心急、害怕，赶紧拨通了电话。"喂，找谁啊？""妈妈，是我，小宇！"我以为电话里的人是妈妈。只听见对方非常生硬地甩了一句"错了"，便挂了电话。我感到失望，慌乱中又拨通了电话。"喂，你是谁啊？"又有人回话了。"妈妈，是我，小宇！"我几乎快要钻到电话里了。"打错了。"没等我反应过来，电话又"咔嚓"一声挂了。

  我就不相信我打不通要打的电话，我就不相信我找不到妈妈。我第三次拨通了电话。"喂！妈妈，我是小宇！"这次我先发了话。"喂，你是一个小朋友吧？你找谁呀？""我找妈妈！""你妈妈叫什么呀？""我妈妈叫郑红，你不是我妈妈吗？"我问。"我怎么会是你妈妈呢？妈妈是女的，你听我的声音像你妈妈的声音吗？"我这才知道我又打错了电话。

  "叔叔，你叫什么呀？""我叫'安慰你'。""叔叔，我找妈妈。""妈妈不在家吗？不要紧，勇敢的孩子不害怕妈妈不在家。"随后他又说，"你能给我唱支歌吗？"我一听，乐了，因为我刚学会了一支歌，便清了一下嗓子使劲唱了起来："唐僧骑马咚那个咚，后面跟着孙悟空……"那个叔叔说："好！真好听！你还能再唱一首吗？"我大声回答："不——会——啦！"只听见电话里传来哈哈哈的笑声，那位叔叔说："哎，哎，小朋友，嗓门儿真亮啊，干脆给你起个名叫'震死人'吧！""叔叔，我要妈妈，我要妈妈……""小朋友，别着急，你妈妈让我告诉你，她很快就回家啦，你在家好好玩吧！""好，再见！""再见！"后来，我把这事告诉了妈妈，才知道这是一个连妈妈也不认识的人。

  事情虽已过去六七年了，但我常常想起那富有磁性的声音。随着年龄的增长，我从中悟出一个道理，就像那些歌曲里唱的那样，"只要人人都献出一点爱，世界将变成美好的人间……"

我爱小草

高永杰

跟着春姑娘轻快的步伐，青青的小草偷偷地从土里钻出来，嫩嫩的，绿绿的。你看，公园中、田野里、道路旁、小河边、山坡上，到处是它们的身影。

青青的草地，像一块碧绿的绒毯，我和小伙伴在草地上追逐、嬉戏。

玩累了，我和小伙伴坐在草地上靠着石头休息。我惊讶地发现，石头缝中也有小草顽强地生长出来。以前在书上看到赞美小草的文章时，都不以为意。现在看到从石缝中钻出的这一丛丛生命，想想自己平时一遇到困难就退缩，感到非常惭愧。小草凭着顽强的精神，勇敢地生长着，不论身上有多厚的泥土掩盖，多大的巨石阻挡，它都要努力地长出来，从不放弃！眼前这石缝中的一丛丛绿色生命，好像在告诉我们：无论前面的路有多艰难，我们都不能怕，都要坚持下去，一定能成功！

有这样一句歌词："不经历风雨，怎能见彩虹？"我们要像小草一样坚强不屈，在困难面前决不低头。遇到困难敢于迎难而上，与困难做斗争。做不怕困难的小雏鹰，在广阔的蓝天自由飞翔！

小草，春天的小草，你勇敢地面对困难，你默默地装扮着大地。我爱你，春天绿绿的小草！

我在花海中

这里真是一片花海,有红的花、白的花、紫的花……五彩缤纷,妖艳动人。漫步在这里,我伸出五指,闭上眼睛,一步步地走着,倾听大自然的声音,领略大自然的美好,闻着大自然的芬芳。

童年的记忆

宋 洁

搬到新家已经两个多月了,我还是经常会想起那个承载我童年记忆的地方。

记得小时和朋友一起玩"捣药"的游戏。为了采药,两人挎起小竹篮,到一层各家的花园中采摘自己喜爱的花朵。至今依稀记得有一家的花儿像灰色的珊瑚,带着小小的白色茸毛,显得十分高贵。现在再去找,花儿已不见踪影了。

我走进中心花园,踏在石子路上。眼前的一块草坪勾起了我的回忆。春天、夏天,我们曾铺上一块方格毛毯,坐在这个阳光明媚的地方野餐、玩耍,四周回荡着我们银铃般的笑声。冬天,鹅毛大雪飘落下来,我们个个成了"白雪公主",滚雪球、堆雪人、打雪仗,脸蛋儿和双手冻得红通通的,浑身湿漉漉的,心里却热乎乎的。直到妈妈发出"最后通牒",才恋恋不舍地回家。

我停在一棵粗壮的大松树下。这棵松树曾是我们几个调皮女生的天下,我们在树上爬上爬下,或吊在树上荡秋千。直到有一天一个女生说,她妈妈告诉她爬树会变成毛毛虫的,爬树运动才算告终。

树下一簇簇的三叶草吸引了我的目光。我慢慢地蹲下来,一个一个地寻找,看看有没有特殊的四叶草。传说,如果你在三叶草中发

现了四叶的,就会很幸运。我不停地告诉自己:"下一个就是四叶的!"最后,我开心地笑了,虽然那只是个故事。我摘了几棵三叶草,悄悄走进爬满葡萄藤的长廊。

长廊外的草地上,小麻雀们晒着日光浴,叽叽喳喳地交谈着,风吹过,树叶沙沙作响,四周宁静而祥和。我闭上眼,用心去聆听。正当我陶醉在大自然曼妙的乐曲声中时,我手里的三叶草轻轻飞走了。往事也像这三叶草,随风而起,随风而去。

曾经,我和朋友们酷爱蜗牛,但最苦恼蜗牛不从壳中出来。一次,我们得知,将蜗牛放在水中,它就会探出头来。我们试了试,果然成功了。我们乐不可支,决定"帮助"更多的蜗牛探出头来。便拿来一个塑料玩具杯子,盛满水,放进去一大堆我们从各处搜罗来的蜗牛,杯子在顷刻间拥挤起来。我们等啊等啊,就是不见蜗牛伸出脑袋来。第二天,当我们再来看蜗牛时,顿觉毛骨悚然:一只只蜗牛,脖子伸得老长,全都死了。只庆幸看不见它们的眼睛,否则,一定是死不瞑目的那种眼神。

突然,一只猫慢吞吞地走来,白色的身子,黑色的尾巴,黄色的眼睛,充满敌意地望着我。我用真诚的目光望着它,为了让它消除紧张,我蹲了下来。我有一个愿望,那就是小鸟飞来站在我的肩上,猫在我的身边蹭来蹭去……动物都成为我的朋友。我一直望着这只猫的眼睛,用轻柔的语气对它说话。"过来嘛,不用害怕啦!相信我,好吗?"它走近我,我依然望着它,并抚摸它。最终它真的在我身边蹭来蹭去,甚至躺下来,喉咙里咕噜咕噜,很幸福的样子。我也感到很幸福。

该回去了,我恋恋不舍。

小 花

米 娟

一看到这片桑树叶，我就想起小花那可爱的笑容。

去年酷热的暑假里，在城市待腻的我回到了向往已久的农村老家。

老家，一切都是那么新鲜。走进那片土地，我就像刘姥姥进了大观园一般，观赏着周围的花花绿绿。爷爷奶奶都在忙着，谁也顾不上理我，我感到非常孤独。

一天，邻居的一位小姑娘走进了我家大院。她皮肤黑黑的，眼睛挺大却眯缝着，模样怯生生的。"你是谁？我怎么从没见过你？"她问我。见她那副脏兮兮的样子，我顿生反感——这个"土老帽儿"一定没什么见识，什么也不懂。可无聊中的我还是搭腔了："你叫什么名字？"

"小花。"她怯生生地说。

我想：小花，名字就这么土，人也一定傻乎乎的。我得意极了，紧接着迫不及待地向她介绍起自己的特长来："我会拉手风琴，会写毛笔字，还会画画。我的书法、绘画、作文还获过全国的大奖呢！"

"你真厉害！"小花羡慕地望着我。

看着她那羡慕的眼神，我更加得意了。

随后，小花把我带到她家去玩。一进院，我就惊讶得睁大了眼睛，哇！这里仿佛是个小小的植物园。"这是什么树？"我指着一棵小树问道。小花高兴地给我讲："这是紫荆树，香港的市花就是紫荆花。那是铁树，一千年才开一次花呢……"

这时我突然闻到一股甜丝丝的香味，我赶忙跑过去，指着那棵结满紫果的大树问道："喂，小花，这又是什么树？"小花再也没有了刚才那种怯生生的表情，她满脸洋溢着灿烂的笑容，好像是一个大城市来的导游："这叫桑树。它仲春的时候开花，花是黄绿色的。初夏时它结出绿色的小桑葚，等过了夏至，葚儿就由红变紫，可好看了！就像现在。""那肯定也很好吃了？"我流着口水问。"那当然，如果你想吃，我们就动手吧！"听罢，我急忙拿来竿子，准备往下打。小花连忙喊："别打，桑葚掉到地上就摔坏了。"我又放下竿子，干脆两手抱住树，两脚盘在上面，手脚并用往上爬，可我只爬了一尺来高便爬不动了，急得满脸通红。小花被我的样子逗笑了，只见她轻松地三下两下便爬到树上。望着她敏捷的动作，我刚才那股得意劲儿一点儿也没了。

小花把果子摘下来许多，我一颗接一颗地大吃起来。"哈哈哈……"小花突然捂着肚子，笑得前仰后合，"你，你的脸……"我连忙跑到大水缸前照了照，啊！原来我的脸上被桑葚紫色的汁染得像只小花猫，我也忍不住笑起来。

几天很快过去了，我和小花已成了形影不离的好朋友。我临走时，小花从树上摘了一片桑树叶，"送给你，明年暑假，希望你再回来看桑树。"

难忘的小花园

王嘉琪

我独自一个人,来到了校园,迈着轻快的脚步,走向我最喜爱的地方——小花园。这是我想事情的地方,也是我调节心情的地方。

由于今天的雾很浓,所以校园更显得幽静,真像人间仙境一样。我走到了天使的宫殿——凉亭,坐在冷冰冰的大理石椅上想着事情,边想边看风景。我又站在大理石桌上,俯瞰这一片美丽的大地。忽然天空出现了一道彩虹和一片白云,就好像一位天使站在彩虹桥上俯瞰人间!

我走到了小鱼池边,看着那活泼、可爱的小鱼们。忽然有一只大肚鱼跳了起来,弄得水花四溅,好壮观,可是我的脸却被溅成大麻脸了。看小鱼们游得多么逍遥自在啊,这真是鱼儿们的天堂。

我又来到了小花园,那里的花朵散发着浓浓的花香,蝴蝶姑娘正尽情地玩耍,蜜蜂先生也正忙碌地采着花蜜呢!每一位花姑娘都展开了美丽的花瓣,越看越是美丽,再看更是喜爱。

黄昏了,我要离开小花园了。再见,天使的宫殿!再见,鱼儿们的乐园!

我迈着满足的脚步回家了。

倒霉的星期天

白沛桦

今天是星期天，爸爸妈妈不在家，我决心抓住这个机会好好表现一下，帮爸妈做家务。

我准备先洗衣服。我把家里的脏衣服找出来，放到盆里泡好，可是忙中出错，一不小心把洗衣粉撒了一地，我急得站起来去拿笤帚，哎呀，又把洗衣盆一脚踹翻了，水、洗衣粉、脏衣服混到了一起，整个卫生间被我弄得乱七八糟，脏兮兮的。平时看妈妈洗衣服很简单，真正做起来原来这么难。

算了，我还是收拾房间吧。我打算先把自己的玩具一件件都收起来。"是谁把我的玩具放在窗台上的，肯定又是妈妈。"我自言自语地说。我拿来了一个板凳，站在板凳上，一不小心，箱子里的玩具全掉在了地上，好几个都摔坏了，我的头也被摔了好大一个包，我又疼又气，坐在地上哇哇大哭起来。

这时，爸爸妈妈回家了，看到号啕大哭的我，赶紧跑过来。妈妈一边抱起我，一边问我怎么回事。我把事情原原本本地告诉了妈妈，本以为妈妈会责怪我，把家里弄得乱七八糟，没想到，妈妈反而表扬了我。她说："你想帮爸爸妈妈做家务，这是好事，我当然不会责怪你了。妈妈还要重重地表扬你、奖励你！"一听奖励，我马上止住了哭泣，期待地看着妈妈。只见妈妈像变魔术一样，从口袋里掏出了我最爱的巧克力。

通过这件事情，我明白了做任何事都应仔细认真，否则容易好心办坏事哦。

星空下的女孩儿

王　鑫

夜晚，漆黑漆黑的，悬在空中的那几颗星特别显眼。星，在那儿一闪一闪的，是在向我询问什么吗？在不远处，亮着冷冷的灯光，那是从住宅区的小屋里透出来的。夜，并不很静，小路旁草丛中的小虫正在烦人地叫着。

一个女孩儿，漫步在星空下的小路上。她慢慢地走着，走着……

她本来不喜欢黑暗，但在这小虫鸣叫的夜晚里，她从家里走出来了。这里，没有母亲的唠叨，没有父亲每天重复一次的大道理，也没有那些讨厌的A、B、C……

微风吹拂着她的脸，凉丝丝的，面对着宁静的夜晚，她真想跳起来！

但，她跳不起来。听：

"还有多少时间就升学考试了？还想跳？"这是父亲说的话。

她又想起母亲刚才给她夹菜时的情景。"快吃吧！这两个鸡腿是你奶奶刚才拿来给你的。"母亲一边夹一边说。

"想要好成绩，就得身体好、营养足。要不学习紧张闹出个神经衰弱该怎么办。"这又是父亲的话。

"现在你的成绩还不拔尖，明年考重点，还要加油呀！"母亲忧虑地望着她。

她慌了："如果考不上重点，我对得起父亲、母亲，还有奶奶吗？"她猛地抬起头，星星仿佛也在恐惧地瞪着她。

她忽然使劲地闭上眼睛，使劲地向前跑去，好像要脱离开这个漆黑夜晚。

她毕竟挣不脱黑暗，终于在池塘边的草地上坐了下来，星还在闪耀，虫还在鸣叫，塘里忽然响起"啪啪"两声，鱼还在调皮呢！它们真快活。她希望有个蚂蚁爬上她的手心，因为她没有一个伴啊。可是她失望了——这是在黑夜里！她胡乱地在旁边摸到了一块小石头，使劲地向池塘里扔去……

"咕咚！"池塘里不平静了，泛起涟漪了，可是在这黑夜里，又有谁知道呢？

她忽然觉得自己很累，她慢慢地躺在草地上睡着了……

星，还在那儿闪耀着……

母校，你让我怀念

冀 昱

上个月，爷爷生病住院，我请假跟着爸爸回到了家乡看望爷爷。

闲着没事,我又跑去看母校,那个我生活了四年的地方。

我走进学校,看到母校的一切都觉得分外美好。干净的地面、漂亮的墙裙、各种宣传画,把教学楼打扮得更加美丽。教室里摆着整齐的桌椅,玻璃擦得亮堂堂的,各种先进的教学仪器应有尽有:29英寸的彩电、扩音器、投影仪……

上课了,教室里响起了一阵阵琅琅的读书声,老师在讲台上专心致志地讲着,同学们在津津有味地听着。这一切都那么熟悉!

下课了,学校刹那间变成欢乐的海洋。操场上,同学们有的在踢足球,有的在打篮球,有的在练习沙坑跳远,还有的在跳绳。

看,操场上正进行庄严的升国旗仪式。在庄严的国歌声中,五星红旗徐徐升起,师生肃立在大操场上,向国旗行礼,国歌的旋律激荡着大家的情怀。

操场的右面是小花坛。春天的时候,花坛里的桃树曾开过繁盛的粉红色的桃花,一朵紧挨着一朵,挤满了整个枝丫,它们像一群女孩儿,争着让人们观赏自己的美。秋天,这里将被菊花的美艳主宰,几株菊花随风摆动,还散发出阵阵沁人心脾的幽香。哦,这一切都那么亲切!

虽然转学已经两年多了,可我心中对母校的思念之情一点儿都没有减少,反而越来越强烈,怀念老师,怀念同学,怀念母校的每一个角落!

哦,母校,让我再看你一眼!

鸟 语 林

蒋 芸

  今天是星期天,妈妈带我去动物园玩。

  动物园里好多人,我们来到人稍微少点儿的"鸟语林"。左边住着一群鸿雁,它们又扁又宽的黄色嘴巴向外伸着,土黄色的羽毛中夹杂一些黑点白点,不太长的腿使鸿雁走起路来一扭一摆的,看上去可笨了。别看它在陆地上行走不便,在水里却算得上是个"游泳能手"。那红色带蹼的脚,一划一划的,真是"红掌拨清波"呀!鸿雁们时而在水中嬉戏,时而把头扎进水里觅食。当饲养员来时,它们便仰着头冲着饲养员"嘎嘎"地叫着讨食吃。

  右边假山上有个瀑布,清澈的溪水从高处流下,溅起银白色的水花,发出巨大的"啪啦、啪啦"声。在假山两旁,停歇着两群鸽子,有些在闭目养神,好像在想念自己的妈妈;有些不时地在空中翱翔,大概在锻炼身体。我把几粒金黄色的玉米豆往地上一撒,便招来了一小群鸽子,它们你争我夺,不一会儿就把玉米吃完了。它们一个个抬起头来对我咕咕地叫,好像在说:"真好吃,能再撒点儿吗?"我笑了笑,再撒了一些,鸽子们又赶忙抢吃起来。我轻轻地走了过去,刚想摸一下,它们却都飞走了。

  住在林子里的灰鹤,像披着一件灰色大衣,细长的腿使灰鹤看起来像一个踩着高跷的艺人。它用狭长的嘴巴不停地翻着泥土，寻找食物。悠闲散步的孔雀头戴绿色的"发卡"，身着绿蓝两色的丝绸"服装"，套着一条美丽如画的"裙子"。海鸟们聚在水池边，有鹈鹕、海鸥等。鹈鹕吃完食后总要甩甩屁股，逗得大家哈哈直笑。这里的树上、草棚上都聚集着许多鸟，真是一个鸟的王国啊。

我觉得人和鸟应和睦相处，这个世界才会更加充满生机。

养　　雀

梁英俊

我曾喂养过两只小麻雀，是我的同学送给我的。

在我刚接到小麻雀的时候，它们还没有长出羽毛，露着嫩红色的皮肉，好像两个小肉团。我把它们捧回家，放在一个有棉花的纸盒里。我想，这两个小双胞胎一定非常喜欢我为它们准备的新家。

每天早晨，它们便"啾啾"地把我叫醒，脖子伸得长长的，淡黄色的尖嘴大大地张着，"叽叽叽叽"地向我讨食，好像在说："妈妈，我饿，我饿！"我用鸡羽毛做成的"勺子"慢慢地舀上小米，送到它们嘴里。那只吃过的就闭上嘴巴，"叽叽"地叫上几声，然后又张开小嘴；而那只没吃过的，叫得比原来更厉害了。等我把它们喂饱了，它们便又趴在棉花上睡觉了。那时，我真觉得自己成了幸福的鸟妈妈。

小麻雀们一天天地长大了，它们的背上长起了羽毛，翅膀上也长出了粗粗的羽毛，肚皮上还有一些白色的茸毛。我更加喜爱它们了。

有一天，不幸的事突然发生了，那只大一点儿的麻雀不知为什么，默默地死了。我很伤心，也更加珍爱那只小麻雀了，更加精心地喂养它。

没想到，它也渐渐地变了，变得不爱叫了，并且不爱吃东西，整天趴在那里睡觉。我似乎觉得，它也快不行了。在一个风和日丽的下午，爸爸妈妈全都出去了，只留下我一个人在家。我把小麻雀放在一个垫得软乎乎的盒子上，给四周都围上花瓣，精心为它画了一张像，打算留个纪念。像画完了，我含着泪水又把小麻雀放回了原地，我似乎感到了一种莫名其妙的凄凉，觉得我们快要分离了。

第二天早上，我早早起来就去喂那只小麻雀，可是它躺在那里一动也不动。我摸了摸它的身体，它的身体很硬，小腿伸着，爪子松开，小嘴还微微张着。我呆呆地看着它，眼前似乎浮现出它临死前一瞬间的情景：马上就要死了，它挣扎着身体，还想吃一些东西再坚持着活下去，可是已经晚了，它身边没有一个人来照顾它。它知道自己不行了，于是就不挣扎，静静地等待死神的到来……

过了好半天，我才哭出声来。我在一片荒野中悄悄地为小麻雀挖了一个墓，将它埋掉。以后每天放学，我总会去看看小麻雀的墓。

我喜欢上了云

纪俊成

有一年夏天，我喜欢上了云。

那次，我回海南过暑假，初次见到我的小表舅。他家住在一所学校里，足球场上的草长得又浓又密，凤凰花的叶子像鸟儿的羽毛一样轻盈。每天中午，跑道滚烫滚烫的，我们偏偏要自找苦吃，像热锅上的蚂蚁，在那里乱蹦乱跳。跑道边有个巨大的表演台，罩着巨大的顶篷，是避暑最好的去处。我、小表舅和他的小伙伴常常躺在台子上，仰望天空。天空像大海那么湛蓝，云朵像珍珠那么洁白，它们像我们一样悠闲自在。我灵机一动，提议道："不如咱们看云说故事吧！"小表舅第一个讲，他说："瞧，那朵像是李逵背着宋江，还拿着两把大刀在追高俅。"小表舅的伙伴不甘示弱："那朵是孙悟空在腾云驾雾，却翻不出如来佛的五指山。"

我想了想，说："你们的，都不如我的好，你瞧，那团可像极了刘备、张飞和关羽大战吕布。"就这样，那些云在我的口中还变成了无人理睬的丑小鸭、流泪葬花的林黛玉、贪吃爱睡的猪八戒……你一言我一语，我们叽叽喳喳地说着，爽朗的笑声响彻在空旷的操场上。

我临走前那一天阳光明媚，可我们的心情却十分忧郁。坐在表演台上呆呆地望着天空，云飘来了，又飘走了。它们也许像敏捷的兔子，也许像怒吼的雄狮，也许像奔腾的骏马，可是那时我们觉得它们什么也不像。其实云还是那些云，只是我们再也提不起兴致说云了。

回到广州后，我号啕大哭了一场，跟妈妈说我要转学，要跟我的小表舅一起上学，妈妈哭笑不得。我足足伤心了十几日。有一天，我站在阳台上，看见天上的云，忽然觉得，它们就像小表舅甜甜的笑，又好像在和我招手。从此我再没提转学的事了。从那以后，我就喜欢上了云。

秋天的雨

韩亦晨

秋天的雨，是一把钥匙。它带着清凉和温柔，轻轻的，轻轻的，趁你没留意，把秋天的大门打开了。秋天的雨，有一盒五彩缤纷的颜料。你看，它把黄色给了银杏树，黄黄的叶子像一把把小扇子，扇哪扇哪，扇走了夏天的炎热。它把红色给了枫树，红红的枫叶像一枚枚邮票，飘哇飘哇，邮来了秋天的凉爽。金黄色是给田野的，看，田野像金色的海洋。橙红色是给果树的，橘子、柿子你挤我碰，争着要人们去摘呢！菊花仙子得到的颜色就更多了，紫红的、淡黄的、雪白的……美丽的菊花在秋雨里频频点头。

秋天的雨，藏着非常好闻的气味。梨香香的，菠萝甜甜的，还有苹果、橘子，好多好多香甜的气味，都躲在小雨滴里呢！小朋友的脚，常被那香味勾住，一步也迈不开。秋天的雨，吹起了金色的小喇叭,它告诉大家,冬天快要来了。小喜鹊衔来树枝造房子,小松鼠找来松果当粮食,小青蛙在加紧挖洞,准备舒舒服服地睡大觉。松柏穿上厚厚的、油亮亮的衣裳,杨树、柳树的叶子飘到树妈妈的脚下。它们都在准备过冬了。秋天的雨,带给大地的是一曲丰收的歌,带给小朋友的是一首欢乐的歌。

米果果小镇

王楚杰

我家不远处有一个米果果小镇,它不是一个镇,而是一个以火龙果为主题的乐园。

在小镇的门口,可以看到两个可爱的卡通人偶,头上戴着红色的火龙果帽子。进门之后首先看见的是一个超级巨大的黄色变形金刚,其中一只手上托着一个红色的火龙果。在这里还可以看到很多火龙果造型的屋子、指示牌、垃圾桶等等。

再往里走,就会看到一个个大棚,走进大棚里面就是火龙果的采摘地了。那里的火龙果树竟然是沙漠明星——仙人掌。虽然它有小刺,但是它结出来的果实却是人人都喜欢的火龙果。一个个火龙果挂在树上像一个个红色的小火球,还像一个个红灯笼。放眼望去真有点儿"绿肥红瘦"的感觉。

剥开一个火龙果,咬上一口,甜甜的,火龙果的汁顺着嘴角滑下来。再一看咬开后的火龙果里面有一颗颗像小芝麻一样的籽被果肉包裹着。吃完以后，手上和嘴上都是红红的，嘴上像涂了口红一样。

在小吃街里，卖着各种各样的火龙果食品，有火龙果冰激凌，有火龙果面条，有火龙果麻薯等等。其中我最喜欢的就是火龙果果冻了，它捏上去软软的，弹弹的，看上去粉嘟嘟的，吃起来甜甜的。

小镇上除了火龙果以外还有一个小动物园和小植物园。动物园里面有白虎，有骆驼，有孔雀……更有会表演的海豹，聪明又可爱。植物园里面有无土栽培，有奇花异果，还有一些昆虫和植物标本……

来米果果小镇游玩，可以让你游出快乐的心情，游出对火龙果的喜爱，还游出对火龙果的认识。

学校的绿化带

纪俊成

我们学校的围墙下有一圈四季常青的绿化带。那些长得又高又壮的是细叶榕。每当春天来的时候，它的枝头便萌出新芽。那些新芽小小的，嫩嫩的，在阳光的照射下绿得可爱。细长的榕树须像少女的秀发，垂下来，在微风中轻轻飘荡。

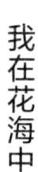

每天早上，我去上学的时候，在学校的围墙外，就能听见几声小鸟的歌唱，显得格外欢快。我总觉得，它唱的是对春天的赞美，对榕树的祝福，对新生活的希望。我伸长了脖子抬头望，却看不见小鸟的踪影。榕树是小鸟温暖的家园，小鸟是榕树常住的旅客。它们总是其乐融融。

夏天，细叶榕的叶子长得又多又密，郁郁葱葱的，撑起一把巨伞。烈日炎炎，火辣辣的阳光炙烤着大地，树底下却是一大片阴凉。那些从树梢间隙漏下来的太阳光，斑斑点点，像顽皮的小精灵在地上蹦来蹦去。我们最喜欢上体育课的时候，躲在树荫底下和它们捉迷藏。

成片的白蝶合果芋匍匐在细叶榕的脚下，一片连着一片，挨挨挤挤，没有缝隙。初生的叶子是淡绿色的，越长颜色越深，最后变成墨绿色，而脉络还是浅浅的绿，像极了蝴蝶翅膀上的花纹。难怪它有这么漂亮的名字！

起风的时候，成片的叶子漾动起来，沙沙作响，仿佛一群绿白相间的蝴蝶在翩翩起舞。下雨之后，叶子中央凝着水滴，犹如心形的碧玉盘上捧着晶莹剔透的珍珠，闪着耀眼的光芒。最有趣的是，有一些白蝶合果芋的藤蔓会顺着榕树的枝干向上攀爬，居然爬到榕树的腰。它们爬出了勇气，爬出了力量，爬出了超越自我的意志！

谁说最美的风景只在名山大川呢？这榕树、小鸟、阳光、雨露、合果芋交织成了我眼中最独特的风景。

神龙川游记

陈基丰

假期的一天，爸妈带我到神龙川游玩。

神龙川的山真多呀，一排一排，连绵不断，蜿蜒起伏，参差不齐，高的有两三百米，矮的有一百米左右。山上云雾缭绕，如同仙境一般。高低起伏的群山，围绕着整个神龙川，犹如一条巨大的神龙下凡，守护着整个山川，使神龙川风景秀丽，气候适宜。

龙川的特色植物是竹子，山上那些青翠欲滴的竹子，遍布山峦。起起伏伏的，是绿波涌起的浪，弯弯曲曲的，是绿波涌起的波。山高的地方是浪的峰，沟深的地方就是波的谷。竹海里有溪水淙淙，那是海的欢腾，海的呼声。一阵微风吹过，竹海的竹子沙沙作响，那是我们激动兴奋的心跳声。

有竹子，当然就有溪流了。这里的溪流连续不断，仿如一条巨龙卧在地上，所以又有卧龙溪的美称。溪流的上游是瀑布，瀑布从山上"哗啦啦"地流下，那声音悦耳动听。水流时而急，时而缓，那溅起来的水珠犹如晶莹透亮的珍珠。这美妙的场景让我想起了《琵琶行》中的美句"大弦嘈嘈如急雨，小弦切切如私语。嘈嘈切切错杂弹，大珠小珠落玉盘"。

溪流的溪水清澈见底，脚刚放下去，冰凉刺骨，就如同亿万只冰针插入你的骨头里，让你疼痛难忍。我们在溪流里欢快地打水仗，我们打得激烈，水流得欢快。水流得越欢快，我们打得就越激烈。神龙川正是有了这样的溪流，才更加美丽。

山峦因翠竹而美丽，翠竹因溪流而青翠，溪流因有山峦和翠竹的围绕而更清澈，正是这三个景物才形成了神龙川独具特色的秀丽美景。

爬 长 城

纪俊成

人们都说"不到长城非好汉"。这次的北京之行,我爬上了雄伟的长城。

在山脚下,我仰望山顶,群山像波浪那般起伏着,延绵到远处。茂盛的树木那团团的墨绿和浅绿色交织在一起,融汇成夏天最蓬勃的生机。虽然看不见长城的全貌,但能见到一个接着一个的烽火台掩藏在群山和绿丛之间,宛如巨龙在深渊里腾跃,它的鳞爪在舞动和飞扬。还未亲眼见它的真面目,我就已经被它深深震撼。

我和同学们急切地登上了阶梯。台阶的跨度很大,很陡,我弓着腰,身体向前倾,步子迈得老大。我爬得很快,把同学远远地甩到后面。老师哈哈大笑:"孩子啊,这哪是爬长城啊,你就活像森林中的猿猴!"我心想,猿猴算啥,如果我是那会翻筋斗云的孙悟空才好呢!

连着爬了两个垛,我腿也酸了,脚也软了,太阳把我的脸晒得通红,黄豆大的汗珠从脸上淌下来。站在长城上,白云,蓝天,群山,树木,都变得格外美丽,难怪古人说江山如画。地面上的公路像描在大地上的五线谱,汽车就像跳动的音符,它们和我的内心,合唱着一首澎湃的歌。我抚摸着粗糙的城墙,头发被轻风吹拂着。我觉得,登

上长城的我,已经是堂堂的男子汉了。

长城之行

张 霞

今年暑假,我终于登上了盼望已久的长城。

我早就从课文上认识了万里长城,也曾从许多影视作品中看到过长城。但这次亲身经历,仍然使我感慨万千,惊叹不已。

登长城的那一天,天气特别晴朗。我们登上八达岭长城,举目远望,长城宛如一条巨龙,在连绵不断的山峰间蜿蜒,一直伸向远方……

走在长城上,我思绪万千。我仿佛看到了遥远的古代,长城的各个烽火台上狼烟四起,长城内外战鼓阵阵,喊杀声混成一团。那时,由于落后的交通以及落后的武器,长城成了抵御外来侵略、保卫家园的最好屏障。

中国古代的劳动人民是智慧勤劳的人民,他们建成了堪称世界奇迹的万里长城。然而,在这荒无人烟的座座高山上,没有现代化的运输工具,可想而知,建造长城的困难有多大啊……

我们从参观孟姜女庙中找到了答案。孟姜女千里迢迢为修筑长城的丈夫送寒衣,想不到历尽千辛万苦来到长城脚下,丈夫早已累死,被埋在长城脚下。孟姜女悲愤交加,放声大哭,哭声感动了上天,长城顿时倒了八百里,她见到了丈夫最后一面,为他穿上寒衣……虽然，这只是一个传说，但它却充分说明了长城是中国古代劳动人民用血肉筑成的。

参观长城，给我上了一堂生动的爱国主义教育课。长城不但是古代战争中的防御工具，它也留下了现代战争的累累弹痕。那是抗日战争时期，日本侵略者侵略中国的罪证。这些弹痕仿佛在诉说中国人民英勇抗战十四年的历史，又仿佛在告诉我们如果没有共产党团结全国人民就不可能把日本侵略者赶出中国去。长城更告诉我们一个历史的教训：一个国家、一个民族要兴旺发达，除了人民的团结以外，还需要有强大的国防做保证。

这次长城之行对我的教育太深刻了，作为中华民族的后代，我们要让新的长城在我们的手中延伸，再延伸。

老师，我错了

张晓东

写字课上，王龙的毛笔不翼而飞。翻弄找寻了半天，仍不见踪影，他只好气恼地趴在桌子上看别人练字。严老师见了，没好气地说："就你事多！"严老师是他们班的语文老师，也教写字课。

王龙知道老师一向不喜欢他，因此对老师的批评、嘲笑他也就从来不放在心上。但今天听了老师这句话，他心里忽地蹿起一团火："丢了毛笔，这已够倒霉的了，可你不但不给我一丝安慰，反朝我头上泼冷水！哼，你心狠，我比你更狠！"王龙拿出一支铅笔，唰唰写了几个字："严老师，去死吧！"

刚写完，就下课了。王龙气消了一半，正准备出去玩，却看到同桌拿起了他写的那张小纸条看了起来。王龙一把抢过来，迅速地把纸条撕烂，揉成一团，从窗户扔出去。证据扔了，王龙松了一口气，可心里还是有些不安。同桌一定会把纸条的内容告诉严老师。想到这里，王龙稍微平静的心湖又掀起了风浪，整个下午都是提心吊胆地度过的。

第二天上午，王龙的心仍然紧绷着，生怕老师找他去谈话。语文课上，他不敢抬头看严老师一眼，心里一个劲儿地祈祷："严老师啊严老师，您大人大量，大人不记小人过，求您原谅我的幼稚无知吧。"整整一堂课，他的双腿不停地颤抖，心里不停地祈祷，老师讲的内容几乎一句也没听进去。

然而奇怪的是，第二天过去了，第三天过去了，竟然什么也没发生。严老师依然像往常一样，说说笑笑，和蔼可亲。

星期天上午，严老师把王龙叫到学校，耐心地指导他写字。严老师说："平时你写字太快了，所以字写不好。不过你的字结构很好，只要练一练，一定能写好的。"

王龙看着老师，激动地流下了眼泪，动情地说："老师，我错了！"

有趣的科学

郑钧杰

今天，方老师给我们上了一堂有趣的科学实践课。

"丁零零……"上课了，方老师走进教室神秘地说："今天这节课啊，来一次实践考。"我听说实践考，高兴地心都飞跑了，是酒精灯？还是吸铁石？会是做什么呢？有什么要求？我最喜欢科学课了。这时方老师在白板上展示了几个大字"拼一个简单的电路"。方老师接着说："上节课我们讲了电路，大家都明白了原理，那么今天呀，我就让大家动手来拼装一个简单的电路。"顿时，教室里炸开锅，拼电路还不简单吗？大家都迫不及待地等着老师发材料。

领到材料后，我迅速打开包装，却犹豫了半天才拿出一个长方形的电池盒、一根导线。我左看看右看看，疑惑地想：导线怎么没有露出里面的电线呢？这不是绝缘了吗？可以剪掉点儿吗？老师是故意考我们的吗？于是，我用手指甲把导线外面的橡胶剥开一点儿，小心翼翼地把它系在电池盒的一端，又用同样的方法把其他导线与电池盒、开关座等连接在一起。

可是导线系好，小灯泡却怎么也拧不到灯座上，我急得像热锅上的蚂蚁。这时，同组的章君宁说："要不你换个灯座试试？"我一拍脑袋："对啊，为什么我不知道变通呢？"我急忙拿出另一个灯座换

上，然后轻轻一拧，灯泡就妥妥地装上了。我抓紧装上电池，打开开关，灯泡亮了，亮起的小灯泡像是在对我说："你很棒哦！"就在这时，下课的铃声响起，方老师说："这次的实践考大家都完成得很不错，全部都全优通过。"

这真是一堂有趣的科学课。

盲人体验记

刘宇宙

有一次，同妈妈上街买菜，遇见一位盲人正孤独地行走着，好奇的我便向妈妈问个没完："妈，盲人怎么去购物？他们的世界会是怎样呢？生活艰难吗？……"一连串的问题让妈妈有些为难。

一个双休日，我萌发了体验盲人生活的想法。我从抽屉里拿出红手帕蒙上眼睛，又临时找了一根棍子当拐杖。开始练习走路了，我小心翼翼地用拐杖探着路，心里还有些慌，生怕撞到什么地方。"哎呀！"突然，我被什么东西绊了一下，摔了个"狗啃泥"。嘴唇好像碰破了，在流血，我的眼泪夺眶而出。可我不放弃，慢慢爬起来，摸了摸疼痛的嘴唇，拄起拐杖继续练习走路。

因为对家里的环境熟悉，走了几步没有事，我又练习做事。我试着去倒水喝。我顺着板凳摸到了桌子上，再沿着桌角摸到桌子中央，终于在桌子上摸到了水壶，晃了晃，还有水。我端起水壶咕嘟咕嘟喝了两口。嗯？味道不对！我心里正嘀咕，妈妈说话了："你怎么把墨汁喝了呢？我特意买给你练习书法的。"天哪！我立刻摘掉蒙在眼睛上的红手帕，接过妈妈递过来的水，冲到外面去漱口。

那时，我才体会到，盲人真的很不容易。我真心地希望大家多关心盲人的生活，让他们感受到爱。

来自陌生人的温暖

徐博文

我们素不相识，我们萍水相逢，我们如两块石头，偶然邂逅在凉爽而又温暖的秋天。

国庆期间，我与父母去秦始皇陵旅游，期待已久的我兴奋不已。秦始皇陵的兵马俑是世界八大奇迹之一，并且在中国历史上也有着相当高的地位，一想到马上要参观秦兵马俑那辉煌而伟大的工程，我就不由自主地心潮澎湃。

到了，到了！我怀着激动而兴奋的心情冲进一号厅，心想要早点儿看到辉煌伟大的秦兵马俑，就不由得再次加快了脚步。好不容易排完队，我走进大厅，并没有看到我期待向往万分的兵马俑，只看到了川流不息的人群，听到了照相机拍照时"咔咔"的声音……

我轻叹一口气，拿着照相机在人流中穿梭，突然间闻到一股刺鼻的气味，不由得咳嗽了几声，原来是有人抽烟，抽烟之人竟无视墙上"禁止吸烟"的牌子。终于看到了，那辉煌壮观、阵容庞大的兵马俑，正所谓"龙死威犹在"，即使沉睡了数千年，它们英勇、悍猛的

气势却没有泯灭。

拍完照后，我准备离开。正当我转身之际，一个中年人突然撞进来，又将我撞回栅栏边缘。周围人山人海，耳边充满聒噪，与父母走散了，我被困于人海之中。正当我抱怨之时，一只小巧而温暖的手出现在我的面前。我下意识地抬头看，是一个外国女孩儿，她面带微笑，一双眼睛如水一般清澈，我还之一笑，握住了她的手，她的手心中也出了汗，带我逃离了人海。

正当我想道谢时，却发现她早已不见了踪影，这个我连容貌都没有看清的外国女孩儿，却在这个凉爽的秋天，给予了我温暖。

周围喧嚣依旧不断，但我们却邂逅于此，也许过不了多久，我们会彼此淡忘，滴水之恩，也无法以涌泉相报，但这只手，却能温暖我整个秋天！

雨中的温暖

张晓梦

"丁零零，丁零零……"放学了，我徒步走在回家的小路上，阴沉的天空扯来一片乌云遮住了自己忧伤的脸，鲜红如血的分数如一把刀，深深刺痛了我的心。

从来没有想过回家的路竟然这样长，我背着沉重的书包在路上慢慢地走。回想考试前努力的情景和试卷发下来的情景，我觉得太讽刺了。当初明明很努力，却换来了不及格。心好痛，仿佛掉进冰窖里一样，很冷！"你没有及格，你没有及格……"这五个字像幽灵一样反复在我耳边响起。

我一下子瘫坐在路上，情不自禁地流下了眼泪。我觉得我很好笑，还和父母夸下海口说能够考好，这让我怎么面对我的父母呢？天越来越黑，雨飘零而至。我很好奇，为什么我没有被淋湿呢？抬头一看，原来是一个小女孩儿在为我打伞。

她那双水汪汪的大眼睛正疑惑地看着我，我刚想说话却听见她说："姐姐，你没事吧，快起来，雨要下大了。"她说完就把我扶起来了。紧接着她又说："姐姐，我送你回家吧！"我刚想说不用，就被她拉走了。

我牵着她的手，和她一起来到我家门口，她说："姐姐，我先走了，再见！相信自己，加油！"她说完转身就走，我忙喊住她，说："等一下。"她停下了脚步，回过头，对我微微一笑，我呆呆地立在那里，目送她离开。我的心感到一股莫名的温暖。回到家里，我真诚地和父母沟通了一番，父母微笑着对我说："我们相信你。"

友谊的小木船

高瑞阳

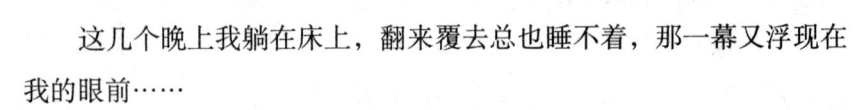

这几个晚上我躺在床上，翻来覆去总也睡不着，那一幕又浮现在我的眼前……

那是上兴趣课时，好朋友小华一不小心把我的船模打掉了，船模被摔坏了！我直接一把把他的船模也摔在地下，踩坏了！我坐在座位上，很难过，并且下定决心不和他说话了。

一个月过去了，我们谁也不理谁。现在，我一个人走在放学的路上，感觉孤零零的，课间也没有人跟我玩了。

第二天，我用日记的方法来求助老师，老师这样回复了我："你应该自己想办法，我相信你可以的。"我决定向小华道歉。

在一天放学的路上，小华走在后面，我走在前面，我看了他一下，只见他的裤兜鼓鼓的。我越走越慢，当他走到一定范围内，我刚想跑过去向他道歉，却不料突然间他像小猎豹一样冲过来："对不起，我不应该把你的小船碰到地下。"说着他从那个鼓鼓的兜里拿出一个精致的小木船。"给你，我做的，过几天我就要转学了，请你收下。"

"是我应该向你道歉才对，你不小心把木船弄掉地下，而我二话不说就把你的木船摔坏了。"我含着泪水说。

事情过去了许多天，我只要看到那只木船，便想起了和小华在一起的快乐时光。

最难忘的一次活动

李天阳

在一个阳光明媚的上午，学校举行了一次春游，去海边玩耍，大家都非常高兴。

那金光闪闪的沙滩走上去软软的。我看到了许多海鸥在蓝蓝的天空中飞翔，许多同学跑到沙滩上玩耍，还有的去了海边，与海水嬉戏。

有一个同学说："浪来了！"我向远处一看，一条白色的长线向我们冲了过来。我不知怎么办了。快来的时候我奋力向上一跃，下来的时候，浪头猛地扑向我，我身上的衣服全湿了，都贴在身上，拿都拿不下来了。我心里暗暗叫苦，哎，谁让我跳得太早了呢。我再看看大家，他们也一样，衣服全贴在了身上。我伸了伸舌头，又苦又涩，大声喊道："这是什么呀，又苦又涩？"大家告诉我这是海水。我恍然大悟，猛然想起老师说过海水就是又苦又涩的。

这时，另一个同学说："浪又要来啦！"有的同学不知怎么办才好，舌头伸得长长的，那是因为这一次的浪比上次还要猛！我却很轻松，等浪靠近的时候，我奋力一跳，像在腾云驾雾一般，海水被我踩在了脚下！我回头一看，海水打到沙滩上，无力地退了回去，我明白了，只要有信心就一定会成功！

我回到沙滩上晒衣服，一群同学在捉螃蟹，老师也在捉，眼睛就快碰到沙子了，真是个老顽童。他突然站起来说："我捉的真不是时候，螃蟹串门去了！"老师的一句话把我们逗得哈哈大笑。

我永远也忘不了这欢声笑语中的一幕，这次春游是多么的高兴啊！

我在花海中

王 莹

晚上，我躺在床上，翻来覆去地睡不着，白天的一幕又浮现在我的脑海……

阳光明媚，鸟语花香，我坐在书桌前拿起一本书，津津有味地读了起来。这时爸爸进来，神秘地对我说："今天爸爸带你去一个地方。"

"什么地方？"我放下手中的书本，回过头来好奇地问爸爸。

"去了你就知道了。"一旁的妈妈回答。我上下仔细打量了一番，妈妈好漂亮啊！她穿着米黄色的连衣裙，头发盘了起来，耳朵上戴了一个金黄色的大牡丹，看来今天是个好日子啊。

伴着温暖的午后，我们来到了一个名叫"花海"的地方。

看到这两个字我不禁浮想联翩，这难道是花仙子住的地方吗？还是有一大片一大片的花呢？不想了，赶紧跟着爸爸妈妈进去看看吧！

哈哈，果然不出我所料，这里真是一片花海，有红的花、白的花、紫的花……五彩缤纷，妖艳动人。漫步在这里，我伸出五指，闭上眼睛，一步步地走着，倾听大自然的声音，领略大自然的美好，闻着大自然的芬芳。

"啊，好漂亮的花！"我不禁随手摘下一朵，五片花瓣，外面是白色，里面是粉红色的。

　　"这是什么花呀？"我不明白，只是觉得我与它很投缘。坐在花海中，五颜六色的花把我淹没在花的海洋，我瞬间变成了花仙子，我坐在那儿与它们互诉着各自的秘密。

　　我不禁笑了，与花儿互诉秘密。